황초보 초기불교 박사 되다

마성(摩聖)

스님의 속명은 이수창(李秀昌)이고, 법명은 마성(摩聖)이며, 법호는 해불(解佛)이다. 스리랑카팔리불교대학교 불교사회철학과를 졸업했으며, 동 대학원에서 철학석사(M.Phil.) 학위를 받았다. 태국 마하출라롱콘라자위댜라야대학교(Mahachulalongkornrajavidyalaya University)에서 수학했다. 현재 동국대학교 불교문화대학원 겸임교수 및 팔리문헌연구소 소장으로 재직 중이다. 『불교신행공덕』(불광출판사, 2004), 『마음 비움에 대한 사색』(민족사, 2007), 『사캬무니 붓다』(대숲바람, 2010) 등의 저서가 있으며, 40여 편의 논문을 발표했다.

초판 1쇄 발행 2012년 5월 30일
초판 2쇄 발행 2015년 11월 30일

지은이   마성
펴낸이   윤재승
책임편집 정영옥

펴낸곳   민족사
출판등록 1980년 5월 9일 제1-149호
주소   서울 종로구 수송동 58번지 두산위브파빌리온 1131호
전화   02-732-2403, 2404
팩스   02-739-7565
홈페이지 www.minjoksa.org
페이스북 www.facebook.com/minjoksa
이메일   minjoksa@chol.com

ⓒ 마성, 2012. Printed in Seoul, Korea

ISBN 978-89-7009-462-5 03220

* 이 책 내용의 전부 또는 일부를 재사용하려면 반드시 저자와 출판사의 서면 동의를 받아야 합니다.

마성 지음

왕초보 초기불교 박사 되다

민족사

글머리에

최근에는 많은 사람들이 초기경전 쪽으로 눈을 돌리고 있다. 그동안 대승불교에서는 맛볼 수 없었던 가장 원초적인 붓다의 가르침에 대한 관심이 고조되었기 때문이다. 이 책도 그러한 관심에 조금이나마 보탬이 되기 위해 마련된 것이다.

현존하는 초기경전에는 크게 두 가지 종류가 있다. 하나는 남방 상좌부에서 전승해 온 빨리어로 기록된 니까야(nikāya)이고, 다른 하나는 각 부파에서 전승해 온 아가마(āgama)를 중국에서 번역한 한역 아함경이다. 니까야는 빨리어로 전승된 것이고, 아가마는 산스끄리뜨로 전승된 것이다.

전자의 니까야는 디가 니까야, 맛지마 니까야, 상윳따 니까야, 앙굿따라 니까야, 쿳다까 니까야 등 오부(五部)로 조직되어 있다. 후자의 한역 아함경은 장아함경, 중아함경, 잡아함경, 증일아함경 등 사아함(四阿含)으로 편성되어 있다. 두 가지 종류의 초기경전을 통틀어 '오부사아함(五部四阿含)'이라고 부른다.

남방 상좌부에서 전승해 온 니까야는 거의 완전한 형태로 보존되어 있다. 반면 산스끄리뜨로 기록된 아가마는 대부분 산실(散失)되었다. 간혹 산스끄리뜨 단편(斷片)들이 발견되고 있지만, 현존하는 완전한 형태의 아가마는 한역 아함경뿐이다. 그것도 단일한 부파에서 전승해 온 것이 아니라 여러 부파에서 전승해 온 것이 중국으로 전해져 우연히 현재의 형태로 남아 있게 되었다.

아가마에 대한 관심은 니까야에 비해 상대적으로 떨어진다. 아가마는 니까야보다 전승 과정이 불명확하고, 또한 중국에서 한문으로 번역되는 과정에서 잘못된 부분도 있기 때문이다. 그렇다고 해서 한역 아함경이 갖고 있는 가치나 중요성이 뒤떨어지는 것은 아니다. 각 부파에서 전승한 아가마가 오히려 니까야보다 더 고층(古層)에 속하는 부분도 있다는 사실을 간과해서는 안 된다. 아무튼 한역 아함경은 빨리어 니까야와 함께 초기불교 연구에 있어 없어서는 안 될 가장 중요한 텍스트임에는 틀림없다. 그러나 우리는 의외로 한역 아함경에 대해 잘 모르고 있다.

지금까지 국내에서 아함경과 관련된 서적들이 많이 발행되었다. 여기서 다 열거할 수는 없지만, 학문적인 연구서를 제외하고 이미 발행된 몇몇 책들에 대해 먼저 언급해 두는 것이 좋을 것 같다. 그래야 이 책의 가치와 독창성 및 차별성이 드러나게 될 것이기 때문이다. 여기서는 초판이 발행된 연대순으로 검토해 본다.

첫 번째는 마스타니 후미오(增谷文雄) 저·이원섭 역의 『아함경 이야기』(서울: 현암사, 1976)이다. 이 책의 제목을 개정판에서는 『아함경』으로 바꾸었는데 아직도 꾸준히 읽히고 있는 훌륭한 책이다. 한국의 불교도들은 이 책을 통해 초기경전의 중요성에 눈을 뜨기 시작했다고 할 수 있다. 이 책은 크게 세 부분, 즉 '그 사람', '그 사상', '그 실천'으로 구성되어 있다. 이른바 불(佛)·법(法)·승(僧) 삼보(三寶)의 체제로 구성되어 있다.

그런데 이 책은 빨리 삼장을 일본어로 번역한 『남전대장경』을 바탕으로 저자의 해석을 가미한 것이다. 이 책의 제목이 『아함경』으로 되어 있지만, 실제로는 니까야를 재해석한 것이다. 정확히 말하면, 이 책은 '아함경 이야기'가 아니라 '니까야 해설서'인 것이다. 이제는 니까야와 아가마를 구분할 필요가 있다. 같은 초기경전이라도 니까야와 아가마는 약간 다르기 때문이다.

두 번째는 선우도량 엮음, 『가려뽑은 아함경』(남원: 실상사, 1992)이다. 이 책은 강원 교재용으로 발행된 것인데, 제1장 삼보품, 제2장 불보품, 제3장 법보품, 제4장 승보품 등 총 4장으로 구성되어 있다. 이 책은 그 후 한문 원문을 추가하여 『학담스님의 아함경 강의』(서울: 조계종출판사, 2008)로 다시 출판되었다. 그러나 이 책은 대승불교의 시각에서 아함경을 해석한 것이기 때문에 많은 오류들이 발견된다.

세 번째는 돈연 역, 『아함경』 2권(서울: 민족사, 1994)이다. 이 책은 빨리어로 전승된 다섯 니까야(五部)에서 중요한 경전 24개를 선별하여 번역한 것이다. 제1권은 재가자들의 출가와 귀의, 선과 악의 구별, 그리고 일상생활에서 지켜야 할 교훈적인 덕목을 설한 경전을 중심으로 엮었다. 제2권은 교리적인 내용을 쉽게 이해할 수 있는 경들을 중심으로 엮었다. 훌륭한 번역과 짜임새 있는 편집이 돋보인다. 그러나 이 책의 제목은 '가려뽑은 니까야'로 해야 옳다. 이 책의 말미에 "니카야(니까야)라는 말이 아직 우리나라 불교인들에겐 생소하기 때문에 한역 명칭인 '아함'을 사용했다"고 밝히고 있지만, 이 책의 제목을 '가려뽑은 니까야로 하지 않은 것은 못내 아쉽다.

네 번째는 이연숙의 『새아함경』 10권(서울: 인간사랑, 1992)이다. 저자는 장아함경부터 증일아함경까지 총 10권으로 발행했다. 그 후 이 10권을 다시 간추려 이연숙 뽑아옮김, 『精選 아함경』(서울: 시공사, 1999)이라는 단행본으로 출판했다. 이 책은 크게 3부로 구성되어 있으며, 각 부(部)는 다시 몇 개의 주제별 장(章)으로 나누었다. 먼저 해제를 달고 주제별로 일목요연하게 편집하여 이 책의 가치를 높였다.

다섯 번째는 홍사성의 『부처님은 이렇게 말씀했다』(서울: 장승, 1998)이다. 이 책은 크게 4부로 구성되어 있지만, 이러한 구분은 별로 의미가 없다. 이 책은 『잡아함경』 1,362경에서 가려뽑은 금쪽같은 붓다의 말씀 100가지에 대해 저자 나름의 해석을 가미한 것이기 때문이다. 이 책의 가치는 여기에 있다고 할 수 있다. 단순히 아함경을 가려뽑아 편집한 것과는 차원이 다르다. 진정한 의미의 아함경 해설서는 바로 이런 책이어야 할 것이다.

여섯 번째는 허정의 『가려 엮은 아함경』(서울: 지혜의나무, 2004)이다. 이 책은 총 19편으로 구성되어 있다. 즉 제1편 돌아가 의지함(귀의), 제2편 의지해 가는 사람들, 제3편 석가모니 붓다, 제4편 믿음, 제5편 베풀기(보시), 제6편 좋은 벗, 제7편 자기를 사랑함, 제8편 사성(인간)의 평등성, 제9편 외도, 제10편 열 가지 선악, 제11편 탐·진·치, 제12편 애욕, 제13편 견욕, 제14편 중생의 요소(오온), 제15편 세간(육입), 제16편 인과의 법, 제17편 네 가지 거룩한 진리, 제18편 나고 죽음, 제19편 노력 등이다. 이처럼 저자 나름대로 주제별로 편집했지만, 어떤 기준으로 분류한 것인지 애매모호하고 매우 혼란스럽다.

일곱 번째는 이상규 편저, 『부처, 몸소 말하다 – 아함경 새겨 보기』(서울: 학고재, 2007)이다. 이 책은 총 6장, 즉 제1장 아함경전이란 무엇인가, 제2장 불교의 교리, 제3장 삼보, 제4장 무한한 중생제도, 제5장 불교의 실천수행론, 제6장 미래세에 대한 경책 등으로 구성되어 있다. 이 책의 특징은 주제에 따라 해당되는 아함경의 내용을 인용하고, 여기에 다시 저자의 설명을 덧붙인 것이다. 따라서 이 책은 아함경을 통한 불교 이해라고 할 수 있다.

여덟 번째는 곽철환 역주, 『핵심 아함경』(서울: 정우서적, 2009)이다. 이 책은 불교에서 중요하게 다루는 24개의 주제, 이를테면 사성제, 십이연기, 오온, 무아 등에 관한 불설을 아함경에서 가려뽑아 번역하고 주석을 덧붙였다. 비록 문고본에 지나지 않는 작은 분량이지만, 초기불교를 이해하는 데 꼭 필요한 주제들은 거의 대부분 다루고 있다. 또한 부록에 원문을 실어 독자들에게 편의를 제공하고 있다.

이상에서 살펴본 바와 같이, 마스타니 후미오의 『아함경』, 홍사성의 『부처님은 이렇게 말씀했다』, 이상규 편저, 『부처, 몸소 말하다 – 아함경 새겨보기』를 제외한 나머지 책들은 단순히 한글 아함경을 가려뽑아 편집한 것에 불과하다. 이러한 책들은 초기불교를 이해하는 데 크게 도움이 되지 못한다. 한글본만으로는 경전의 본래 의미를 정확히 파악할 수 없기 때문이다. 따라서 한역본과 한글본을 대조해 보지 않으면 안 된다. 그리고 좀 더 깊이 있는 연구를 위해서는 반드시 그 경과 대응하는 니까야와 대조해 보아야만 한다. 그래야 어느 쪽이 더 원형에 가까운 것인지, 그리고 아가마와 니까야의 차이점이 무엇인지 확인할 수 있기 때문이다.

이를테면 한역의 『잡아함경』은 전래와 번역 과정에서 생략되거나 착간(錯簡)된 것이 많아서, 니까야와 반드시 대조해 보지 않으면 그 원래의 의미를 파악하기 어렵다. 이와 같이 문헌학적인 연구를 바탕으로 하지 않은 번역이나 해석은 신뢰성을 얻기 어려울 뿐만 아니라 한역 아함경이 갖고 있는 한계를 뛰어넘을 수가 없다.

이 책은 지금까지 국내에서 발행된 아함경과 관련된 여러 책들의 장·단점을 참고하여, 한역 아함경을 바탕으로 초기불교를 해석한 것이다. 좀 더 엄밀히 말하면, 이 책은 필자가 아함경을 통해 이해한 초기불교를 체계적으로 정리한 것이라 할 수 있다. 따라서 독자들은 이 책을 통해 초기불교에 대해 어느 정도 이해할 수 있을 것이라고 생각한다.

원래 이 책은 '왕초보 아함경 박사 되다'라는 제목으로 아함경에 초점을 맞춰 집필한 것이다. 그러나 내용적으로는 초기불교에 관한 것임을 말할 나위 없다. 그래서 최종 수정 과정에서 책의 제목을 '왕초보 초기불교 박사 되다'로 바꾸었다.

이 책은 기존의 아함경 해설서의 분류 방식에 따라 크게 붓다·담마·상가로 구분하여, 초기불교의 중요한 주제들을 다루었다. 또한 이 책은 한역 아함경을 중심으로 서술했다. 그러나 한역 아함경에서 불명확한 부분이나 본문 중에 중요한 부분은 니까야와 대조하기 위해 인용하기도 했다. 이 책을 완성하기 위해 최선을 다했지만, 필자의 천학비재(淺學非才)로 말미암아 잘못된 부분이 있을지도 모르겠다. 독자 제현의 많은 질정(叱正) 있기를 바란다.

끝으로 민족사 윤창화 사장님과 이 책이 나오기까지 수고해

주신 많은 분들에게 감사드린다. 오래전에 집필을 청탁받고 약속한 기일까지 원고를 넘겨주지 못해서 마음이 편하지 않았었다. 이제야 민족사에 진 빚을 갚게 되어서 홀가분하다.

마성 합장

차 례

글머리에 _ 5

제1장

붓다
(Buddha, 佛陀)

1. 역사적 배경	19
2. 붓다의 탄생	31
3. 붓다의 젊은 시절	36
4. 출가와 수행	42
5. 깨달음의 완성	64
6. 정각자의 고독	68
7. 범천의 권청	72
8. 전법의 대상자	77
9. 외도와의 만남	81
10. 최초의 설법	84

● 주(註) _ 95

제2장

담마
(Dhamma, 曇磨)

1. 네 가지 성스러운 진리	111
2. 붓다가 발견한 진리	122
3. 십이연기	127
4. 존재의 세 가지 특성	135
5. 존재란 무엇인가 – 오온	147

	6. 존재란 무엇인가 – 십이처	153
	7. 존재란 무엇인가 – 십팔계	155
	8. 실천수행법	159
	9. 세 가지 배움	174
	10. 이론과 실천으로서의 중도	179
	● 주(註) _ 185	

제3장 ● 상가 (Saṅgha, 僧伽)	1. 세 가지 보배	203
	2. 늘 삼보를 생각하라	217
	3. 사문이란 무엇인가	222
	4. 재가자가 갖추어야 할 조건	228
	5. 네 가지 무너지지 않는 믿음	238
	6. 마음이 병들지 않는 법	250
	7. 세 가지 종류의 스승	257
	8. 자신을 보호하는 것	266
	9. 현선일야(賢善一夜)의 게(偈)	272
	10. 불교도의 사명	278
	● 주(註) _ 285	

일러두기

1. 이 책에서 사용한 인명(人名)·지명(地名)·국명(國名) 등 고유명사는 특별한 경우를 제외하고는 빨리어로 표기했다. 초기불교의 성전어(聖典語)는 빨리어이기 때문이다. 그리고 발음도 가능한 한 원래 발음에 가깝게 표기했다. 단 중요한 용어는 독자들의 편의를 위해 범어를 각주에 표기해 놓았다.
2. 언어의 명칭인 Pāli, Sanskrit, Prakrit는 '빨리어', '산스끄리뜨', '쁘라끄리트'로 표기했다. 간혹 '산스끄리뜨어(語)' 혹은 '쁘라끄리뜨어(語)'로 표기하는 학자들도 있지만, Sanskrit나 Prakrit는 그 자체가 언어를 의미하기 때문에 굳이 '어(語)'를 붙일 필요가 없다. 다만 빨리(Pāli)는 성전(Pāli-tipiṭaka)과 언어(Pāli-bhāsā)라는 두 가지 의미를 갖고 있기 때문에, 성전을 의미할 때는 '빨리'로, 언어를 의미할 때는 '빨리어'로 표기했다. '산스끄리뜨'는 편의상 '범어'로 표기했다.
3. 빨리어와 산스끄리뜨의 'v' 발음은 '바' 혹은 '와'로 표기했다. 이를테면 'vagga'는 '왁가'로, 'nirvāṇa'는 '니르와나'로, 'Buddhavaṃsa'는 '붓다방사'로 표기했다.
4. 경전문과 설명문의 문체를 다르게 기술했다. 이를테면 경전문에서는 '생각하였다'로 표기하고, 설명문에서는 '생각했다'로 표기했다. 그리고 경전 고유의 부드러움과 고풍스러움을 살리기 위해 높임말과 대화체를 그대로 유지했다.

제1장

붓다
Buddha, 佛陀

1
역사적 배경

초기불교를 정확히 이해하기 위해서는 무엇보다도 먼저 역사적으로 실존했던 사캬무니 붓다(Sakyamuni Buddha)[1]의 생애에 대한 이해가 선행되어야 한다. 불교라는 종교는 사캬무니 붓다로부터 시작되었기 때문이다. 그리고 초기불교의 사상을 이해하기 위해서는 붓다 시대의 역사적 배경에 대한 지식도 요구된다. 왜냐하면 종교도 역사적 산물(産物)이기 때문이다. 그래서 우선 석가족의 가계(家系)부터 살펴본다.

붓다는 석가족(釋迦族)[2]이 세운 왕국[3]의 숫도다나(Suddhodana, 淨飯王)왕과 마야(Māyā, 摩耶)왕비의 외아들로 태어났다. 석가족의 수도 까삘라왓투(Kapilavatthu, 迦毘羅城)[4]는 현재 네팔과 인도의 국경 근처 따라이(Tarai) 분지의 띨라우라꼬뜨(Tilaurakot)로 추정된다.

사캬무니 붓다의 성(姓)은 고따마(Gotama, 喬答摩)[5]이고, 이름은 싯닷타(Siddhattha, 悉達)[6]로 알려져 있다. 그는 석가족의 귀한 아들로 태어났다. 하지만 29세에 출가하여 중인도 갠지스강 남쪽의 마가다(Magadha, 摩揭陀)국으로 건너가서, 그곳을 중심으로 한 여러 지방에서 6년간 수행하여 마침내 35세에 깨달음을 이루었다. 그 후 그는 45년간의 교화 활동을 펼치다가 80세에 꾸시나라(Kusinārā, 拘尸那羅)에서 입멸했다.

우리가 흔히 사용하고 있는 사캬무니(Sakyamuni)라는 명칭은 '사캬족 출신의 성자(聖者, muni)'라는 의미이다. 그래서 '사캬무니 붓다'라고 하면 '사캬족의 성자로서 붓다가 되신 분'이라는 정도의 뜻을 갖고 있다.

석가족의 기원

사캬무니 붓다의 가계는 어느 인종이었을까? 대부분의 서구학자들은 석가족이 인도-아리야계, 즉 인도-유럽인의 일족(一族)이었다고 보고 있다. 그러나 최근의 연구에 의해 석가족은 비(非)아리야 계통의 종족이었다는 사실이 밝혀지고 있다.

붓다의 가계에 관한 기술은 대부분 전설로 전해져 내려오고 있다. 그러나 『숫따니빠따(Suttanipāta, 經集)』에 붓다가 직접 자신의 가문에 대해 언급한 내용이 나온다.

> 왕이여, 저쪽 히말라야 중턱에 한 국가가 있습니다. 꼬살라국의 주민으로 재력과 용기를 갖추고 있습니다.[7]
>
> 씨족은 '아딧짜(Ādiccā)'라 하고, 종족은 '사끼야(Sākiyā)'라 합니다. 그런 가문에서 감각적 욕망을 구하지 않고, 왕이여, 나는 출가한 것입니다.[8]

위 인용문은 붓다가 출가하여 깨달음을 이루기 전, 마가다국의 빔비사라(Bimbisāra, 頻婆娑羅王)왕에게 답변한 것이다. 붓다는 출가하여 마가다국의 수도 라자가하(Rājagaha, 王舍城)에서 탁발을 하고 있었다. 그때 그의 탁발 모습을 높은 누각에서 바라보고 있던 빔비사라왕이 그의 뛰어난 용모와 비범한 행동을 유심히 관찰하고, 신하를 보내 붓다가 머물고 있던 처소를 알아낸다. 그런 다음 왕이 직접 그를 찾아가서 그의 출신 가문에 대해 물었다.

붓다는 자신의 가계(씨족)는 '아딧짜(Ādiccā)', 즉 '태양의 후예'이고, 가문(종족)은 '사끼야(Sākiyā)', 즉 석가족이라고 말했다. 『숫따니빠따』에 이런 대목이 언급되어 있다.

    옛날 까삘라성 출신의 세계의 지도자가 계십니다. 그는 옥까까왕의 후예이고 사끼야족의 아들이며, 빛나는 존재입니다.[9]
    그들은 태양의 후예이고, 눈을 갖춘 님에게 만족하였고, 뛰어난 지혜를 지닌 님 곁에서 청정한 삶을 살았습니다.[10]

첫 번째 게송에서는 '옥까까라자(Okkākarāja, 甘蔗王)의 후예'이고, '사캬뿟따(Sakyaputta, 석가족의 아들)'로, 두 번째 게송에서는 '아딧짜반두(Ādiccabandhu, 日種族)'로 기술되어 있다. 이러한 자료들에 의하면, 붓다의 가계 혹은 씨족은 '아딧짜(Ādiccā)', 즉 '태양의 후예'임이 분명하다. 이것을 근거로 석가족이 아리야계의 태양씨족(太陽氏族)이었을 것이라고 말하는 학자도 있고, 석가족이 비(非)아리야계임을 증명하는 학자도 있다. 그러나 민족학적 연구에 의하면 석가족의 혈통은 비(非)아리야계일 가능성이 매우 높다. 왜냐하면 현재에도 히말라야 산간 지역에는 티베트 · 버마(미얀마) 인종의 여러 부족이 분포되어 있기 때

문이다.[11]

석가족의 나라

붓다가 태어난 나라의 이름(國家名)은 정확히 밝혀져 있지 않다. 그러면서 그의 아버지를 국왕이라 칭하고, 그의 어머니를 왕비로 표기하고 있다. 그리고 붓다의 어린 시절을 말할 때는 태자(太子)라고 부른다. 그러면서도 실제로 붓다가 속했던 나라의 실체에 대해서는 거의 알려진 바가 없다.

대부분의 불교도들은 불교의 개조(開祖)인 샤캬무니 붓다의 고국인 석가국이 큰 나라였기를 바란다. 그러나 실제로 석가국은 붓다 당시 정치적으로 주권을 가진 독립적인 국가가 아니었다. 이미 붓다 당시에 강대국이었던 꼬살라(Kosala, 憍薩羅)국에 예속된 작은 영토의 자치주에 불과했다. 앞에서 인용했던 『숫따니빠따』의 제422게(偈)에서도 붓다는 자신이 '꼬살라국의 주민(Kosalesu niketino)'이었다고 밝히고 있다. 그리고 불교 경전에 자주 언급되고 있는 16대국(大國)[12]에도 '사끼야(Sākiya)', 즉 석가족은 포함되어 있지 않다.

인도의 정치사에서 석가국의 존재는 거의 알려져 있지 않다. 현재 석가족의 나라는 바흐라이치(Bahraich)와 고라크뿌르(Gorakhpur) 사이의 네팔 접경에 인접해 있는 여러 주들의 동북 지역에 위치해 있었다고 추정하고 있다. 경전들에서는 수도 까삘라왓투와 석가족의 여러 마을 혹은 군구(郡區), 그리고 꼬살라국의 수도 사왓티(Savatthī, 舍衛城)[13]가 자주 언급되고 있다. 그러나 이것만으로는 석가국의 지리적 위치에 관한 충분한 정보를 얻을 수가 없다.

석가족의 나라에 대한 정보는 세 가지 자료에서 찾을 수 있다. 첫째는 주석서와 그 주석서에 기초를 둔 편찬물들에 기록된 전통에 의한 것이다. 둘째는 인도 성지(聖地)를 직접 방문했던 중국의 순례승, 즉 법현(法顯, 399~414)이나 현장(玄奘, 629~645) 등의 기록에 따른 것이다. 셋째는 현대의 고고학적 발굴에 의한 것이다.

석가족의 근거지는 까삘라왓투였다. 까삘라왓투를 중국의 역경가들은 가비라성(迦毘羅城)이라고 번역했다. 그 때문에 고대 도시의 성(城)으로 연상하기 쉽지만, 현재의 남아 있는 유적으로 미루어 볼 때, 웅장하고 화려했던 성은 아닌 것 같다.

서기 5세기 초에 중국의 승려로서는 처음으로 인도 땅을 밟은 법현(法顯)이 까삘라왓투를 찾아갔었다. 그의 기행문『불국기(佛國記)』[14]에서는 그 당시의 상황을 이렇게 전하고 있다.

> 동쪽을 향해 1요자나(약 9마일) 남짓 가면 가유라위성(迦維羅衛城)[15]에 이른다. 성안은 왕도 백성도 없고 황폐하다. 다만 얼마간의 승려들과 민가가 수십 호 있을 뿐이었다.[16]

그 후 7세기 중엽에 현장이 다시 그곳을 방문했다. 그의『대당서역기(大唐西域記)』에는 이렇게 묘사되어 있다.

> 겁비라벌솔도국(劫比羅伐窣堵國)[17]의 둘레는 4천여 리이며 비어있는 성이 10여 개에 달하는데 이미 상당히 황폐해져 있다. 왕성은 이미 무너져서 그 둘레나 크기를 알 수가 없다. 그 안의 궁성의 둘레는 14~15리이며 벽돌을 쌓아 만든 기단은 견고하다. 텅 비고 황폐해진 지 이미 오래이므로 사람들의 마을도 거의 없고 드문드문 떨어져 있다. 그들을 모두 통솔하는 군주가 없으며 성마다 각자 성주를 세우고 있다. 토지는 비옥하며 농사일은 때에 맞추어 파종하고, 기후가 순조로우며 풍속도 온화하고 맑다.[18]

이와 같이 현장이 그곳을 찾아갔을 때는 더욱 황폐해져 있었음을 알 수 있다. 현장은 석가족의 수도 까삘라왓투는 사왓티에서 동남쪽으로 약 50, 60리 떨어져 있다고 기술했다. 그로부터 다시 오랜 세월이 지나서 19세기 말경에 영국의 탐험가 커닝엄(Cunningham)[19]은 여러 문헌을 섭렵하고 자신이 직접 답사했으나 까삘라왓투라는 이름의 유적을 발견하지 못했다고 한다.[20]

그러나 그 뒤 빈센트 스미스(Vincent A. Smith)[21] 등의 연구에 의해 어느 정도 윤곽은 드러났다. 빈센트 스미스는 "비록 법현이 보았던 거의 모든 성스러운 장소를 현장 또한 보았다. 현장은 여러 가지 부가적인 사항들을 기록했는데, 두 기록자들이 같은 장소를 묘사한 것이라고 믿기 어려울 정도로 기록의 내용이 구체적으로 매우 다르다"[22]라고 지적했다. 빈센트 스미스에 의하면, 법현이 보았다고 하는 까삘라왓투는 빠다리아(Padaria) 남서쪽 9마일 지점에 있는 삐쁘라와(Piprava)였고, 현장이 보았다고 하는 까삘라왓투는 서북쪽 14마일 지점에 위치한 띨라우라꼬뜨(Tilaurakot)였다는 결론에 이른다.[23]

까삘라왓투라는 지명은 '까삘라(Kapila)'라는 선인(仙人)의 이름에서 유래된 것이며, '왓투(vatthu)'란 '지방' 또는 '지구(地區)'라는 말이다. 까삘라왓투는 까삘라뿌라(Kapilapura, 迦維羅弗羅)로 불리기도 했다. 이와 같이 까삘라왓투라는 까삘라 선인이라는 전설적 인물의 이름에서 유래되었기 때문에 그 역사성에 대해서는 알 수가 없다.

전설에 의하면, 석가족의 시조는 이크슈바꾸(Ikṣuvāku, 甘蔗王)[24]라고 한다. 그는 아리야족의 태양계 씨족의 첫 왕이었다. 그에게는 사남오녀(四男五女)가 있었다. 그런데 그 후 다시 젊은 왕비가 왕자를 낳았는데, 이 왕비는 자기가 낳은 아들에게 왕위를 계승시키기 위해 왕의 환심을 사서, 그 네 왕자를 국외로 추방해 버렸다. 이 네 왕자들은 다섯 왕녀들과 함께 북쪽 히말라야 산기슭의 까삘라 선인이 수도하고 있던 근처에까지 가서 정착했다. 거기서 그들은 혈통을 존중하는 생각에서 장녀를 어머니로 삼고, 네 왕자와 네 왕녀가 서로 혼인하여 나라를 세웠다. 이크슈바꾸왕은 뒤에 왕자들이 어디로 갔는지 그 행방을 수소문하다가 그런 소식을 듣고 크게 기뻐하며 "나라 일을 잘 시작했다"고 말했다. 그때부터 '잘했다'는 뜻을 가진 '사캬'라는 말이 이 네 왕자의 나라 이름이 되었다고 한다. 그리고 까삘라 선인이 머물고 있던 곳 가까이에 정착했기 때문에 그 수도를 까삘라왓투라고 부르게 되었다는 것이다.

석가족의 나라는 전체 인구 백만 정도의 작은 나라였다고 한다. 이 종족의 일부는 로히니(Rohiṇī)강을 사이에 두고 다른 집단을 이루고 살았는데, 그 종족을 꼴리야(Koliyā, 拘利族)라고 불렀다. 석가족의 수도는 까삘라왓투였고, 꼴리야족의 수도는 데와다하(Devadaha, 天臂城)였다. 이 두 종족은 서로 혼인 관계를 맺고, 대체로 친밀한 관계를 지키고 있었다.

붓다 시대의 정치체제는 크게 군주제와 공화제 두 가지가 있었다. 당시 마가다국과 꼬살라국과 같은 아리야계 종족들은 전제 군주제로 나라를 다스렸고, 왓지(Vajjī, 跋耆)와 말라(Mallā, 末羅) 등과 같은 비아리야계 종족(몽골계)은 공화제로 통치했다. 그러나 당시 석가족과 꼴리야족은 비아리야계 종족이었으나, 이미 아리야 계통의 전제 군주 국가에 예속되어 있었다.

석가족의 정치체제는 일종의 귀족적 공화제로 소수의 지배 계급의 합의에 의해 통치되고 있었던 듯하다. 경전에 공회당(公會堂)의 건설 및 낙성식 같은 이야기가 있는 것을 보면 그런 사정을 알 수가 있다. 그러나 당시 인도의 일반적인 정세는 점차 강력한 전제정치(專制政治)가 대두되는 기운이 농후했다. 붓다 당시에는 이미 네 개의 대전제왕국(大專制王國)이 그 세력을 확대해 가고 있었다. 마가다국은 빔비사라왕의 영도 아래 앙가

(Aṅga, 鴦伽)를 비롯한 왓지(Vajjī), 말라(Mallā)의 군소국가(群小國家)를 정복해 가는 기세였으며, 꼬살라국은 까시(Kāsi, 迦尸)국을 점령하고, 석가족의 나라를 사실상 통치하고 있었다.

석가족과 꼴리야족은 히말라야의 남쪽 기슭에 살았는데, 이곳은 로히니강을 비롯해 하천이 많고, 지미(地味)도 비옥했다. 게다가 목축을 하기에도 적당하여 사람들이 참으로 평화롭게 살았던 곳이다. '고따마'라는 석가 가문의 이름도 '가장 훌륭한 소' 또는 '소를 제일 소중히 여기는 자'라는 의미이다. 이로 미루어 석가족이 농업과 목축을 주로 하는 종족이었음을 알 수 있다.

석가족의 정치적 지위는 그렇게 높지 않았던 것 같다. 석가족의 모든 활동은 언제나 꼬살라국에 의해 감시를 받았을 것이다. 사실 석가 왕국은 꼬살라국과 비교하면 너무나 작았다. 석가족은 자신들의 독립을 위해 싸울 기회를 전혀 갖지 못했다. 당시 꼬살라국은 가장 강력한 왕국 가운데 하나였기 때문이다.

비록 꼬살라국이 석가족이 좋아하는 방식으로 통치하기를 허용했을지라도, 그것은 섭정과 다를 바 없었다. 석가족은 경제와 통상 및 재판에 한해서는 자유를 가지고 있었으나, 군사 문제만큼은 그렇지 못했음이 거의 확실하다. 석가족은 독립을 원하긴 했지만 대군을 가진 적이 없었다. 그러니 어떻게 독립을 이룩할 수 있었겠는가? 꼬살라국도 물론 그들을 해방시키지 않았다.

석가족은 오직 꼬살라국에서 허용한 범위 내에서만 자유를 누렸다. 그럼에도 불구하고 그들은 항상 독립 의지로 가득 차 있었다. 석가족 통치의 주체는 여러 큰 종족의 수령들로 구성되었다. 이들 석가족의 수령들은 자신들을 '캇띠야(Khattiya, 刹帝利)'[25] 혹은 '전사(戰士)'라고 했으며, 때로는 '라자(Rāja, 王)'라고 하였다. 여기서 '라자'는 서양에서 말하는 왕의 개념이 아니다. 그들은 회의를 통해 최고의 의장을 선출했다.

이렇게 고따마 싯닷타(Gotama Siddhattha)는 석가족의 정치적 위치가 약화되어 힘을 잃었을 때 태어났다. 그는 석가족의 미래를 이끌 '희망의 아들'이었다. 그의 아버지와 국민들은 그를 무척이나 사랑했다. 그들은 싯닷타가 최고의 군주가 되어 꼬살라국의 지배를 받고 있는 자신들의 나라를 그 굴레에서 벗어나도록 이끌어 주기를 바랐다.[26]

2
붓다의 탄생

사캬무니 붓다는 역사적으로 실존했던 인물이다. 그런데 19세기 말 서구에서는 붓다가 실존 인물이었는가에 대한 논란이 있었다. 그러나 불멸후 아쇼까(Aśoka, 阿育王)왕이 룸비니에 세운 석주(石柱)가 발견되고, 그 석주에 새겨진 문장이 해독됨으로써 붓다가 역사적 인물임이 밝혀졌다. 왜냐하면 그 석주에는 "석가족의 성자, 붓다, 여기서 탄생하셨다(hida Budhe jāte Sākyamuni)"[27]라는 글이 새겨져 있었기 때문이다.

석가족의 왕이었던 숫도다나에게는 오랫동안 아들이 없었다. 태자를 낳은 것은 아마도 왕의 나이 마흔을 넘기고 나서였던 것 같다. 태자의 탄생이 이 가문에 얼마나 큰 경사였는지는 충분히 짐작할 수 있다. 마야왕비는 출산이 임박해 오자 당시의 풍습에 따라 아기를 낳기 위해서 친정인 데와다하(Devadaha, 天臂城)로 향했다. 그런데 두 도시 사이에 위치한 아름다운 룸비니(Lumbinī) 동산에 이르자 산기를 보여 꽃이 만발한 무우수 아래서 아들을 낳았다.

왕자가 태어난 지 닷새째 되던 날, 왕은 여덟 명의 현자를 불러 아기의 이름을 짓고 또 왕자의 앞날을 점쳐 달라고 부탁했다. 현자들은 왕자에게 '목적을 달성한 사람'이라는 뜻으로 '싯닷타(Siddhattha, 悉達)'라는 이름을 지어 주었다고 한다. 그런데 어머니 마야왕비는 아들을 낳은 지 7일 만에 세상을 떠났다. 그래서 이모인 마하빠자빠띠 고따미(Mahāpajāpatī Gotamī)[28]가 양모가 되어 태자를 양육했다.

붓다의 탄생지는 룸비니로 알려져 있다. 이 룸비니 동산은 마야왕비의 친정인 데와다하 근처에 위치하고 있었는데, 왕비의 친정어머니 이름을 따서 '룸비니'라고 부르게 되었다고 한다. 이곳은 온갖 아름다운 꽃과 수목, 과일이 열리는 나무가 울창하고, 연못과 늪과 흐르는 시내도 있고 맑은 샘물이 솟아나는 훌륭한 동산이었던 것 같다.

그러나 오랫동안 잊혀져 왔던 룸비니 동산을 1896년 독일의 고고학자 휘러(A. A. Führer)가 네팔 따라이(Tarai) 지방의 룸민데

이(Rummindeī)에서 아쇼까왕이 세운 석주를 발견했다. 삐야다시(Piyadassi Thera)는 1896년 커닝엄(Gunningham) 장군이 룸비니를 발굴했다고 했는데, 이것은 사실이 아니다.[29] 이 룸비니의 최초 발견자에 대한 논의는 지금도 계속되고 있다. 그러나 휘러가 1897년 최초로 학계에 이 사실을 보고한 것만은 사실이다.[30] 이 보고에 의해서 이곳이 붓다의 탄생지임이 확인되었다.

현장이 기록한 바와 같이, 그 돌기둥의 위쪽은 꺾인 채 없어지고 말았다. 하지만 아랫부분은 그대로 있어 거기에 적힌 비문의 네 줄 반은 온전히 남아 있다. 이 석주에는 93자로 된 명문(銘文)이 새겨져 있다. 그 내용은 다음과 같다.

천애희견왕(天愛喜見王)[31]은 관정 20년에 몸소 이곳에 와서 참배했다. 여기에서 붓다 사캬무니가 탄생하셨기 때문이다. 그래서 그 주위에 돌 울타리(石柵)를 만들게 하고, 돌기둥(石柱)을 세우게 했다. 세존이 여기에서 탄생하셨기 때문에, 룸비니 마을은 조세(租稅)가 면제되고, 또 생산의 8분의 1만을 지불하게 되었다.[32]

현장은 이곳을 방문하여 아쇼까왕이 세운 석주를 보고 이렇게 묘사했다.

　사천왕이 태자를 받들었던 솔도파(窣堵波)[33]로부터 멀지 않은 곳에 커다란 돌기둥이 있는데 위에는 말의 모양(馬像)이 만들어져 있다. 이것은 무우왕(無憂王, 아쇼까 왕을 가리킴)이 세운 것이다. 후에 사악한 용이 벼락을 일으켜서 그 기둥 가운데를 부러뜨려 땅에 쓰러지게 하였다.[34]

　이 기록에 의하면, 아쇼까왕이 세웠다는 석주의 꼭대기에는 말의 모양(馬像)이 새겨져 있었는데, 훗날 벼락을 맞아 돌기둥이 중간에서 꺾였다는 것이다. 현재 석주의 윗부분인 말의 모양은 남아 있지 않고, 아랫부분인 거대한 석주는 남아 있기 때문에 지금도 볼 수 있다.
　붓다의 탄생 연도에 대해서는 아직 분명하게 밝혀진 것이 없다. 여러 가지 학설들이 있다. 북방불교 전승에 의하면 붓다는 기원전 463년에 탄생하여 기원전 383년에 입멸한 것으로 되어 있으며, 남방불교 전승에 의하면 기원전 566년에 탄생하여 기원전 486년에 입멸한 것으로 되어 있다. 이 두 연대 사이에는 약 100년의 차이가 있는데, 일반적으로 학계에서는 남방불교

전승인 기원전 566~486년의 연대를 사용하고 있다.[35]

그런데 현재 우리가 사용하고 있는 불기는 1956년 네팔의 카트만두에서 열린 제4차 불교도대회에서 정한 것이다. 즉 1956년이 붓다가 입멸한 지 2,500년에 해당하는 남방불교의 전통에 근거하여 붓다의 연대를 기원전 624~544년으로 정했다.[36] 그러나 이 설은 역사적 근거가 희박하다.

한편 우리나라에서는 붓다의 탄생일을 4월 8일로 기념하고 있다. 하지만 남방불교 국가에서는 웨사카(Vesākha)[37]월의 만월일(滿月日)을 붓다의 탄생 · 성도 · 열반일로 기념하고 있다. 이러한 차이는 인도와 중국의 역법(曆法)이 서로 달랐기 때문이다.

3
붓다의 젊은 시절

태자가 탄생한 후 7일 만에 그의 생모였던 마야왕비는 세상을 떠났다. 한편 태자는 자라면서 어머니가 일찍 돌아가셨다는 사실을 알게 되었을 것이고, 그러한 사실은 태자의 인격과 성격 형성에도 큰 영향을 주었을 것이다.

그 후 태자는 이모인 마하빠자빠띠 고따미(Mahāpajāpatī Gotamī)에 의해 양육되었다. 그녀는 언니인 마야왕비의 뒤를 이어 숫도다나의 부인이 되었으며, 나중에 난다(Nanda, 難陀)라는 아들을 낳았다. 그녀는 나중에 여성으로서는 최초로 출가하여 비구니가 되었다. 역사적으로 비구니 승가는 그녀의 출가로 인해 형성되었다.

붓다의 어린 시절과 청년 시절에 관한 기록은 많지 않다. 붓다가 훗날 자신의 젊은 시절을 회상하여 제자들에게 들려준 이야기가 『중아함경』 제29권 제117 「유연경(柔軟經)」에 실려 있다.

내가 부왕 열두단(悅頭檀)³⁸ 집에 있을 때 부왕은 나를 위해 여러 채의 궁전, 그러니까 봄 궁전과 여름 궁전과 겨울 궁전을 지었으니, 나를 즐겁게 잘 놀도록 하기 위해서였다. 궁전에는 멀지 않은 곳에 푸른 연꽃 연못, 분홍빛 연꽃 연못, 붉은 연꽃 연못, 흰 연꽃 연못을 조성하여 물과 꽃이 항상 있게 하였고, 사람을 시켜 지키게 하여 일절 통행하지 못하게 하였으니, 나를 즐겁게 잘 놀도록 하기 위해서였다. ……

그리고 네 사람이 나를 목욕시키고는 붉은 전단향(栴檀香)을 내 몸에 바르고 비단옷을 입혔는데, 위아래와 안팎이 다 새것이었다. 밤낮으로 일산을 내게 씌웠으니, 태자가 밤에는 이슬에 젖지 않고 낮에는 햇볕에 그을리지 않게 하기 위해서였다. ……

내가 옛날 아버지 집에 있을 때 여름 4개월 동안 정전(正殿)에 올라가 있었는데, 남자는 없고 기녀(妓女)만 있어 내 멋대로 즐기면서 아예 내려오지 않았다. 내가 동산이나 누각으로 갈 때는 선발된 30명의 이름난 기병이 행렬을 이루어 앞뒤에서 호위하고 인도했으니, 다른 일이야 어떠했겠는가. 나는 내 뜻대로 했으니, 이것이 가장 유연(柔軟)한 것이었다.[39]

위 경전에 묘사된 바와 같이, 태자는 어린 시절 좋은 환경에서 성장했음을 알 수 있다. 그러나 붓다는 그와 같은 호사스러운 생활을 하면서도 세속에 대한 집착이 없었던 것 같다. 같은 경전에는 이렇게 묘사되어 있다.

    그때 나는 이렇게 생각하였다.
    '많이 배우지 않은 어리석은 범부는 자기 병도 여의지 못했으면서 남의 병을 보면 자기를 관찰하지 않고 그를 싫어하고 천하게 여기고 사랑하지 않고 좋아하지 않는다.'
    이렇게 관찰하자 병들지 않았다고 해서 일어나는 교만이 저절로 사라졌다.
    나는 또 이렇게 생각하였다.
    '많이 배우지 않은 어리석은 범부는 자기 늙음도 여의지 못했으면서 남의 늙음을 보면 자기를 관찰하지 않고 그를 싫어하고 천하게 여기고 사랑하지 않고 좋아하지 않는다.'
    나는 다시 이렇게 생각하였다.

'나의 늙음도 여의지 못했으면서 내가 남의 늙음을 보고 그를 싫어하고 천하게 여기고 사랑하지 않고 좋아하지 않는 것은 옳지 못하다. 내게도 이런 일이 있기 때문이다.'

이렇게 관찰하자 오래 산다고 해서 일어나는 교만이 저절로 사라졌다.

많이 배우지 않은 어리석은 범부는 병들지 않았다고 해서 교만하고 호사 떨고 방종하며, 탐욕으로 말미암아 어리석음이 생겨 청정한 수행을 하지 않는다.

많이 배우지 않은 어리석은 범부는 젊다고 해서 교만하고 호사 떨고 방종하며, 탐욕으로 말미암아 어리석음이 생겨 청정한 수행을 하지 않는다.

많이 배우지 않은 어리석은 범부는 오래 산다고 해서 교만하고 호사 떨고 방종하며, 탐욕으로 말미암아 어리석음이 생겨 청정한 수행을 하지 않는다.[40]

이와 같이 그는 자신이 늙음과 병듦과 죽음의 슬픔을 겪어야 한다는 것을 알고 괴로워하며 환멸을 느꼈던 것이다. 일반적으로 보통 사람들은 자신에게 주어진 환경을 즐기며 지내기 마련이다. 하지만 이 젊은 왕자는 온갖 안락과 사치를 누리며 기녀들의 시중을 받는 궁궐 생활에 오히려 싫증을 느꼈던 것이다. 그는 육체적인 쾌락이나 세속적 야망에 만족하기에는 감수성이 너무나 예민했다. 결국 그는 가정생활을 포기하고 종교적 삶을 통해서 평화와 고요를 추구하겠다고 결심하게 되었던 것이다.

태자의 교육과 결혼에 관한 사항은 초기경전에서 찾아보기 어렵다. 그러나 후대의 불전에는 태자가 당시 왕족의 교양으로 필요한 모든 학문과 기예(技藝)를 배웠으며, 비범한 재간을 발휘했다는 기록이 나온다. 그러한 기록은 사실일 가능성이 매우 높다.

남방의 전승에 따르면, 태자는 16세에 결혼했다. 그 후 그가 출가할 무렵인 29세 때, 라훌라(Rāhula, 羅睺羅)라는 아들이 태어났다. 그런데 태자비의 이름은 여러 가지로 전해지고 있다. 남방의 전승에서는 라훌라마따(Rāhulamātā, 羅睺羅母, '라훌라의 어머니'라는 뜻)라든가 밧다깟짜(Bhaddakaccā) 혹은 밧다깟짜나(Bhaddakaccānā)로 불렸다.

하지만 북방의 전승에서는 범어로 야소다라(Yasodharā, 耶輸陀羅, '영예를 지닌 여성'의 뜻)라는 이름으로 더 많이 알려져 있다. 뒷날 빨리 성전의 주석서에도 '야소다라'라는 이름이 나온다.

그러나 어떤 전승에 따라서는 또 다른 이름도 언급되어 있어 동일인인지에 대해서는 분명하지가 않다.

남방의 전승에서는 '라훌라마따'로 자주 언급되었다. 이러한 관습은 우리나라에서도 통용되는 호칭법이다. 옛날 인도에서는 그렇게 부르는 일이 흔했던 듯하다. 붓다의 제자나 신자들 중에도 아들 이름을 붙여 그 어머니를 호칭한 경우가 많았다. 북방의 성전에서는 태자비를 '야소다라'라고 부르고 있는 경우가 가장 많다.

그런데 이 야소다라에 관한 이야기는, 붓다가 성도한 뒤 까삘라왓투를 방문했을 때 잠깐 만났다는 사실과, 마하빠자빠띠 고따미와 함께 출가하여 비구니가 되었다는 두 가지 사실밖에는 기록된 것이 없다. 그 후 어떻게 되었는지에 대해서는 알려진 것이 없다.

4
출가와 수행

출가의 동기

고따마 싯닷타는 아버지 숫도다나와 양모 마하빠자빠띠 고따미의 극진한 보살핌 속에서 청소년 시절을 보냈다. 그의 부모들은 그가 훌륭하게 성장하여 왕위를 잇고 석가족의 나라를 강성하게 만들어 줄 것을 기대하고 있었다. 그러나 싯닷타는 그런 세속의 일보다는 항상 근본적인 인간의 문제에 더 깊은 관심을 기울였다. 그의 부모들은 혹시 왕자가 출가하여 수행자가 되지나 않을까 늘 염려했다. 싯닷타를 서둘러 결혼시킨 것도 그러한 염려 때문이었다.

이처럼 젊은 날의 싯닷타는 자신이 처한 위치와 근본적인 인간의 문제에 대해 고뇌한 것으로 보인다. 여러 문헌들의 기록에 따르면, 그는 자신의 호사스런 생활에 만족하지 못하고 인생의 문제에 대해 깊이 사색한 것으로 기술되어 있다. 그의 고뇌는 생·로·병·사에 관한 것이었다. 『장아함경』 제1권 제1 「대본경(大本經)」에는 과거의 비바시불(毘婆尸佛, Vipassi)의 '사문유관(四門遊觀)'에 관한 이야기가 나온다.

태자는 곧 보배 수레를 타고 동산으로 향했다. 그때 도중에서 한 노인을 보았다. 머리는 희고 이는 빠지고 얼굴은 주름지고 허리는 꼬부라져 지팡이를 짚고 힘없는 걸음으로 숨을 헐떡거리며 걸어가고 있었다. …… 그 뒤 태자는 다시 마부에게 명령하여 수레를 장식해서 구경하러 나갔다가 도중에 한 병자를 만났다. 그는 몹시 쇠약한 몸에 배가 부었고 얼굴에는 검버섯이 피었는데 혼자 더러운 오물더미 위에 누워 있었으나 아무도 돌보는 사람이 없었으며, 심한 고통으로 못내 고통스러워하며 말도 하지 못했다. …… 또 그 뒤 어느 날 태자는 마부에게 명령하여 수레를 장식해서 타고 유람하러 나갔다가 가는 도중에 한 죽은 사람을 보았다. 울긋불긋한 비단 깃발이 앞뒤에서 인도하고 일가친척들은 슬피 울부짖으며 상여를 따라 성 밖으로 나가고 있었다. …… 또 어느 날 태자는 마부에게 명령하여 수레를 장식해서 타고 유람하러 나갔다가 도중에서 한 사문(沙門)을 만났다. 그 사문은 법의(法衣)를 입고 발우를 들고 오직 땅만 보며 걸어가고 있었다.⁴¹

이 '사문유관'의 전설은 생·로·병·사의 괴로움을 벗어나기 위해서는 사문의 길, 즉 구도(求道)의 길로 나아가야 한다는 것을 암시하고 있다. 이것은 태자가 사문을 만나면서부터 출가하여 사문이 되기로 결심했다는 것을 의미한다.『잡아함경』제14권 제346경「삼법경(三法經)」에 출가의 동기가 언급되어 있다.

세 가지 법이 있다. 그것은 세간의 것을 사랑하지 않고 생각하지 않으며 뜻하지 않는 것이다. 세 가지 법은 무엇인가. 이른바 늙음·병듦·죽음이니라. 만일 세간에 사랑할 만하지 않고 생각할 만하지 않으며 뜻할 만하지 않은 이 세 가지 법이 없었더라면, 여래·응공·정등각은 세간에 나오지 않았을 것이요, 세간도 또한 여래·응공·정등각이 있어서 알고 보아, 바른 법과 율을 말할 줄을 알지 못했을 것이다.⁴²

위 경전의 내용과 같이, 만일 이 세상에 늙음·병듦·죽음이라는 세 가지 법이 없었다면 붓다는 이 세상에 출현하지 않았을 것이다. 다시 말해서 늙음·병듦·죽음이라는 이 세 가지 문제가 있었기 때문에 그것을 해결하기 위해 태자가 출가하게 되었던 것이다.

구도의 편력

그리하여 싯닷타는 출가하여 사문(沙門)[43]이 되었다. 구도의 길로 나선 싯닷타의 당면 과제는 우선 자신을 이끌어 줄 스승을 찾는 일이었다. 그는 그 당시 뛰어난 수행자들을 찾아다니며 가르침을 구했다. 그중에서 특히 두 명의 스승은 그에게 큰 영향을 끼쳤다. 『중아함경』 제56권 제204 「나마경(羅摩經)」에 이렇게 기술되어 있다.

> 다시 아라라가라마(阿羅羅伽羅摩)[44]를 찾아가서 그에게 물었다.
> "아라라여, 저는 당신의 법에서 범행(梵行)을 닦고 싶은데 그래도 되겠습니까?"

아라라가 나에게 대답하였다.

"현자(賢者)여, 안 될 것 없소. 하고 싶은 대로 하시오."

나는 다시 물었다.

"아라라여, 당신은 어떻게 이 법을 스스로 알고 스스로 깨닫고 스스로 증득하였습니까?"

아라라가 나에게 대답하였다.

"현자여, 나는 일체의 식처(識處)[45]를 지나 무소유처(無所有處)[46]를 얻어 자적(自適)하고 있음을 성취하였소. 그런 까닭에 나는 이 법을 스스로 알고 스스로 깨닫고 스스로 증득하게 되었소."

나는 다시 생각하였다.

'아라라 혼자에게만 이런 확신이 있는 것이 아니라, 나에게도 이런 확신이 있다. 아라라 혼자에게만 이런 정진이 있는 것이 아니라, 나에게도 이런 정진이 있다. 아라라 혼자에게만 이런 지혜가 있는 것이 아니라, 나에게도 이런 지혜가 있다. 그런데 아라라는 이 법을 스스로 알고 스스로 깨닫고 스스로 증득하였다.'

나는 이 법을 증득하기 위해 곧 멀리 떠나, 비고 고요한 곳에서 혼자 머물며 마음에 방일함이 없이 수행하고 정근하였다. 나는 멀리 떠나, 비고 고요한 곳에서 혼자 머물며 마음에 방일함이 없이 수행하고 정근한 지 오래지 않아 그 법을 증득하였다. 그 법을 증득한 뒤에 나는 다시 아라라가라마의 처소로 가서 물었다.

"아라라여, 당신은 이 법을 스스로 알고 스스로 깨닫고 스스로 증득하였습니까? 이른바 일체의 한량없는 식처를 지나 무소유처를 얻어 자적하고 있음을 성취하였습니까?"

아라라가라마가 나에게 대답하였다.

"현자여, 나는 이 법을 스스로 알고 스스로 깨닫고 스스로 증득하였소. 이른바 한량없는 식처를 지나 무소유처를 얻어 자적하고 있음을 성취하였소."

아라라가라마는 다시 나에게 말하였다.

"현자여, 내가 이 법을 증득한 것과 같이 그대도 또한 그러하며, 그대가 이 법을 증득한 것과 같이 나도 또한 그러하다. 현자여, 그대는 여기 와서 나와 함께 이 대중을 거느립시다."

이렇게 아라라가라마는 스승의 위치에 있으면서도 나를 동등하게 대접하고 최상으로 공경하고, 최상으로 공양하였으며, 최상의 기쁨을 표하였다.

나는 다시 이렇게 생각하였다.

'이 법은 지혜로 나아가지 않고, 깨달음으로 나아가지 않으며, 열반으로 나아가는 것이 아니다. 나는 이제 차라리 이 법을 버리고 다시 병이 없는 위없이 안온한 열반을 구하고, 늙음도 없고 죽음도 없으며 근심 걱정도 없고 더러움도 없는 위없이 안온한 열반을 구하리라.'[47]

이와 같이 싯닷타는 알라라 깔라마(Āḷāra Kālāma)를 만나 가르침을 받았다. 그로부터 배운 것은 '아무것도 없다고 관(觀)하는 선정(禪定)', 즉 무소유처정(無所有處定)이었다. 그러나 이에 만족할 수가 없었다. 그는 다시 길을 떠나 남쪽으로 내려가 당시 큰 나라였던 마가다국의 수도 라자가하에 도착했다. 신흥의 도시 라자가하는 당시 상업과 문화의 중심지답게 수많은 사문들과 사상가들이 모여드는 곳이었다. 싯닷타는 그곳에서 웃다까 라마뿟따(Uddaka Rāmaputta)를 만났다. 그와의 만남에 대해 경전에는 이렇게 묘사되어 있다.

나는 곧 이 법을 버리고, …… 울다라라마자(鬱陀羅羅摩子)[48]가 있는 곳으로 가서 그에게 물었다.
"울다라여, 저는 당신의 법 안에서 배우고 싶은데 그래도 되겠습니까?"

울다라라마자가 나에게 대답하였다.

"현자여, 나는 안 될 것 없소. 배우고 싶으면 배우시오."

나는 다시 물었다.

"울다라라마자여,[49] 어떤 법을 스스로 알고 스스로 깨닫고 스스로 증득하였습니까?"

"현자여, (나는) 일체의 무소유처(無所有處)를 지나 비유상비무상처(非有想非無想處)를 얻어 자적(自適)하고 있음을 성취하였소. 현자여, 내가 스스로 알고 스스로 깨닫고 스스로 증득한 것이 이른바 이 법이오."

나는 다시 이렇게 생각하였다.

'라마자 혼자에게만 이런 확신이 있는 것이 아니라, 나에게도 또한 이런 확신이 있다. 라마자 혼자에게만 이런 정진이 있는 것이 아니라, 나에게도 또한 이런 정진이 있다. 라마자 혼자에게만 이런 지혜가 있는 것이 아니라, 나에게도 또한 이런 지혜가 있다. 라마자는 이 법을 스스로 알고 스스로 깨닫고 스스로 증득하였는데, 나라고 어찌 이 법을 스스로 알고 스스로 깨닫고 스스로 증득하지 못하겠는가?'

나는 이 법을 증득하기 위해 곧 멀리 떠나, 비고 고요한 곳에 혼자 머물며 마음에 방일함이 없이 수행하고 정근하였다. 나는 멀리 떠나, 비고 고요한 곳에 혼자 머물며 마음에 방일함이 없이 수행하고 정근한 지 오래지 않아 그 법을 증득하게 되었다. 그 법을 증득한 뒤에 나는 다시 울다라라마자의 처소로 가서 물었다.

"울다라여, 그대는 스스로 알고 스스로 깨닫고 스스로 증득한 이 법, 이른바 일체의 무소유처를 지나 비유상비무상처를 얻어 자적하고 있음을 성취하였습니까?"

울다라가 다시 나에게 말하였다.

"현자여, 내가 이 법을 증득한 것과 같이 그대도 또한 그러하며, 그대가 이 법을 증득한 것과 같이 나 또한 그러하다. 현자여, 그대는 여기 와서 나와 함께 이 대중을 거느립시다."

울다라라마자는 스승의 위치에 있으면서도 나를 스승처럼 대접하고 최상으로 공경하고, 최상으로 공양하였으며, 최상의 기쁨을 표하였다.

나는 다시 이렇게 생각하였다.

'이 법은 지혜로 나아가지 않고, 깨달음으로 나아가지 않으며, 열반으로 나아가는 것이 아니다. 나는 이제 차라리 이 법을 버리고, 다시 병이 없는 위없이 안온한 열반을 구하고, 늙음도

없고 죽음도 없으며 근심 걱정도 없고 더러움도 없는 위없이 안온한 열반을 구하리라.'50

웃다까 라마뿟따는 '상념(想念)이 있는 것도 아니고 없는 것도 아니라고 관(觀)하는 선정(禪定)', 즉 비상비비상처정(非想非非想處定)을 이상으로 삼고 있었다. 그러나 싯닷타는 여기에도 만족하지 못했다. '비상비비상처정'이 '무소유처정'보다 더욱 미묘한 선정의 경지인 것은 사실이다. 이러한 미묘한 선정에 들면 마음이 완전히 고요해지고 마치 마음이 '부동(不動)의 진리'와 합체(合體)된 것처럼 생각된다. 그러나 선정에서 깨어나면 다시 일상의 동요하는 마음으로 되돌아온다. 따라서 선정에 들어 마음이 고요해졌다고 해서 진리를 체득했다고는 말할 수 없다. 선정은 심리적인 마음의 단련이지만, 진리는 논리적인 성격을 갖는다. 진리는 지혜에 의해 얻어진다. 그래서 싯닷타는 그들이 택하고 있는 수정주의(修定主義)의 방법으로는 생사의 고통에서 해탈할 수 없다고 생각하고, 그들의 곁을 떠났다.

왜냐하면 그들은 수행의 목적과 방법을 혼동한 채 오로지 수행을 반복하고 있었기 때문이었다. 이와 같은 모순을 알게 된 싯닷타는 더 이상 수정주의자들의 가르침을 답습하고 있을 이유가 없었다. 그래서 그동안 스승으로 모셨던 웃다까 라마뿟따와도 작별했다.

혹독한 고행

그런 다음 그는 혹독한 고행을 실천했다.『증일아함경』제23권 제31 증상품 제8경에는 당시 싯닷타가 실천했던 고행에 대해 자세히 묘사되어 있다. 우선 경전의 내용부터 읽어 보자.

> 내가 옛날 아직 불도(佛道)를 이루지 못했을 때 저 대외산(大畏山)에 머물고 있었다. ……
> 나는 무덤가에 가서 죽은 사람의 옷을 주워 내 몸을 가렸다.
> 그때 안타촌(案吒村) 사람들이 와서 나뭇가지로 내 귓구멍을 찌르기도 하고 콧구멍을 찌르기도 하였다. 또 침을 뱉기도 하고 오줌을 누기도 하고 흙을 내 몸에 끼얹기도 하였다. 그러나 나는 끝내 그들에게 화를 내지 않고 마음을 지켰다.
> 또 외양간에 가서 송아지 똥이 있으면 그것을 집어 먹었고, 송아지 똥이 없으면 큰 소의 똥을 집어 먹었다. 그러고서 나는

생각하였다.

'음식은 먹어서 무엇 하겠는가. 이제 온종일 먹지 않으리라.'

그러자 신들이 내게 와서 말하였다.

'그대는 단식하지 마라. 그래도 굳이 단식한다면 우리는 감로의 정기로 보충해 주어 목숨을 보존케 하리라.'

그때 나는 다시 생각하였다.

'무엇 하러 단식해서 신들이 내게 감로를 가져오게 하겠는가. 그래 봐야 아무런 이득이 없을 것이다.'

그때 나는 또 생각하였다.

'그러니 깨와 쌀을 먹자.'

그때부터 나는 하루에 깨 한 알과 쌀 한 톨만 먹었다. 그러자 몸은 나날이 쇠약해져 뼈만 앙상하게 남았고 정수에는 부스럼이 생기고 피부와 살이 저절로 떨어졌다. 내 머리는 깨진 조롱박 같았다. 그것은 다 먹지 않았기 때문이었다.

깊은 물속에 별이 나타나듯 내 눈도 그러하였다. 낡은 수레가 허물어지듯 내 몸도 그렇게 허물어져 뜻대로 되지 않았다. 내 엉덩이는 낙타 다리 같았다. 손으로 배를 만지면 등뼈가 손에 닿았고 등을 만지면 뱃가죽이 닿았다. 몸이 이처럼 쇠약해진 것은 다 먹지 않았기 때문이었다.

나는 그때 깨 한 알과 쌀 한 톨만 먹었으나 끝내 아무런 이득이 없었고, 또 거룩한 진리도 얻지 못하였다. 또 나는 대소변을 보려고 일어서려면 바로 넘어져 혼자서는 일어서지도 못하였다.[51]

위 경전에 의하면 싯닷타는 하루 깨 한 알과 쌀 한 톨(一麻一米)로 목숨을 이어 갔던 것이다. 실로 참혹한 고행이었다. 이러한 고행은 시작에 불과했다. 그는 여기서 멈추지 않고 더 혹독한 고행을 실천했다. 그가 실행했던 고행이 얼마나 혹독한 것이었는가를 붓다는 이렇게 술회했다.

그때 신들이 이것을 보고 말하였다.
"사문(沙門) 구담(瞿曇)[52]은 죽었다."
"이 사문은 아직 죽지 않았으나 곧 죽을 것이다."
"이 사문은 죽지 않았다. 이 사문은 진실로 아라한(阿羅漢)이다. 아라한의 법에는 보통 이런 고행이 있다."
나는 그때 아직 의식이 남아 있어서 바깥의 낌새를 느낄 수 있었다.
그때 나는 생각하였다.

'이제 호흡하지 않는 선정에 들자.'

곧 호흡하지 않는 선정에 들어 들숨과 날숨을 헤아리다가 어떤 기운이 귀로 빠져나가는 것을 느꼈다. 그러자 바람소리가 마치 천둥소리같이 들렸다.

나는 또 생각하였다.

'입과 귀를 막아 숨이 나가지 못하게 하자.'

숨이 나가지 못하게 하자 안의 기운이 손과 다리로 나가고 귀·코·입으로 나가지 않았다. 그때 안에서는 마치 천둥 같은 소리가 났고 의식은 몸을 따라 도는 것 같았다.

나는 또 생각하였다.

'다시 호흡하지 않는 선정에 들자.'

그러고는 모든 구멍에 호흡을 중단하였다. 그러자 두통이 극심하여 마치 누군가가 송곳으로 머리를 찌르는 듯하였다.

이러한 극심한 고통 속에서 그래도 아직 의식은 있어 거듭 생각하였다.

'다시 선정에 들어 숨기운이 드나들지 못하게 하자.'

그러고는 곧 들숨과 날숨을 막았다. 그러자 모든 숨이 다 뱃속에 모였다. 숨이 미세하게라도 돌면 마치 백정이 칼로 소를 죽일 때 소의 고통과 같은 고통을 받았고, 장정 둘이 양쪽에서 사람을 맞붙들고 불에 구울 때 그 사람의 고통처럼 내 고통도 극심해서 이루 다 말할 수 없었다. 그래도 아직 의식은 남아 있었다.[53]

다른 사람들이 보고 죽었다고 할 정도로 그는 혹독한 고행을 계속했다. 그가 실천했던 고행에 대해 경전에서는 이렇게 묘사되어 있다.

이렇듯 좌선할 때의 내 형체는 사람의 모습이 아니었다.
어떤 이는 나를 보고 말하였다.
"이 사문은 얼굴이 너무 검구나."
또 어떤 이는 말하였다.
"이 사문은 안색이 죽은 자 같구나."
비구들이여, 나는 이렇게 6년 동안 고행하였다. 그러나 거룩한 진리를 얻지 못하였다.
그래서 나는 생각하였다.
'이제부터는 하루에 과일 하나씩 먹자.'
그러고는 하루에 과일 하나씩 먹기 시작하였다. 그러나 몸은 여전히 쇠약하여 스스로 일어설 수가 없었다. 마치 120세 된 노인이 뼈마디가 헤어져 몸을 부지할 수 없는 것과 같았다.

비구들이여, 그때 내가 먹은 과일이란 지금의 작은 대추만한 것이었다.[54]

위 경전의 내용과 같이, 그는 6년 동안 치열하게 고행을 실천했다. 그러나 여전히 진리를 얻지 못했다. 그가 6년 동안 행했던 것은 절식(絶食) 혹은 감식(減食)만은 아니었다. 그는 그 외에도 수많은 종류의 고행을 실천했다. 경전에서는 그가 실천했던 고행의 종류를 다음과 같이 나열하고 있다.

가시 위에 눕기도 하였고, 못이 박힌 판자 위에 눕기도 하였고, 새처럼 공중에 매달려 몸을 거꾸로 하기도 하였고, 두 다리를 교차한 채 무릎을 세우고 앉기도 하였고, 수염과 머리카락을 깎지 않기도 하였고, 뜨거운 태양에 몸을 태우기도 하였고, 몹시 추운 날에 얼음에 앉거나 물속에 들어가기도 하였고, 말 한 마디 없이 지내기도 하였다.

하루에 한 번 먹기도 하였고, 하루 두 번·세 번·네 번 …… 일곱 번 먹기도 하였고, 나물이나 과일, 벼나 깨, 풀뿌리나 나무 열매, 꽃이나 풀 열매를 먹기도 하였다.

알몸으로 지내기도 하였고, 다 해어진 옷이나 풀로 만든 옷이나 털옷을 입기도 하였고, 남의 머리카락으로 몸을 가리기도 하였고, 머리카락을 길러 몸을 가리기도 하였고, 남의 머리카락을 머리에 얹기도 하였다.[55]

이와 같이 싯닷타는 6년 동안 수많은 고행을 실천했다. 그러나 그가 원했던 해탈은 결코 얻을 수가 없었다. 그때의 심경을 붓다는 제자들에게 이렇게 토로했다.

비구들이여, 나는 옛날 이렇게 고행하였으나 네 가지 진리의 근본을 얻지 못하였다. 무엇이 네 가지인가? 즉 알기도 어렵고 깨닫기도 어려운 현성(賢聖)의 계율과 지혜와 해탈과 삼매가 그것이다.

비구들이여, 이 네 가지를 옛날에 내가 했던 고행으로는 얻지 못하였다.

그래서 나는 생각하였다.

'나는 반드시 위없는 도(道)를 구하리라.'

어떤 것이 위없는 도인가? 네 가지 진리로 향하는 것이니, 현성의 계율과 지혜와 해탈과 삼매이다.

그때 나는 다시 생각하였다.

'이렇게 쇠약한 몸으로는 위없는 도를 구할 수 없다. 얼마간 정기를 섭취해서 체력을 길러 기력이 왕성해진 후에야 도를 닦을 수 있을 것이다.'

그러고는 음식을 먹자 다섯 비구들은 나를 버리고 가면서 말하였다.

"이 사문 구담은 정신 착란을 일으켜 진실한 법을 버리고 그릇된 행으로 나아가는구나."[56]

위 경전의 내용과 같이, 고행은 계율·지혜·해탈·삼매에 아무런 도움이 되지 않았다. 싯닷타는 자신의 체험을 통해 고행은 몸과 마음(身心)을 훼손시키는 것일 뿐, 열반에 이르는 길이 아님을 깨닫게 되었다. 그는 마침내 고행을 포기하기로 결심했다. 그가 고행을 포기하자 같이 고행하고 있던 다섯 비구들은 싯닷타가 정신 착란을 일으킨 것으로 생각하고 그의 곁을 떠났다.

그때 나는 생각하였다.
'이것은 도를 이루는 바탕이 아니다. 다른 길이 있을 것이다.

내가 기억하건대, 옛날에 나무 아래 앉아 탐욕과 음욕이 없고, 악하고 불건전한 것들(不善法)[57]을 여읜 초선(初禪)에서 자적하였고, 일으킨 생각(覺)[58]과 지속적인 고찰(觀)[59]이 없는 제2선에서 자적하였고, 마음을 챙겨 청정하고 뭇생각이 없는 제3선에서 자적하였고, 괴로움도 즐거움도 없고 마음 챙기기가 청정한 제4선에서 자적하였다. 그것이 혹 옳은 길일지도 모른다. 나는 이제 그 길을 찾으리라.'[60]

그는 붓다가 된 이후에도 자신이 예전에 체험했던 선정수행에 대해 제자들에게 들려주었다. 『중아함경』 제29권 제117 「유연경」에 다음과 같이 기술되어 있다.

나는 또 옛날에 농부가 밭에서 쉬는 것을 보고 염부수(閻浮樹)[61] 밑에 가서 결가부좌하여 탐욕과 악하고 불건전한 것을 여의고, 일으킨 생각(覺)과 지속적인 고찰(觀)이 있고, 탐욕과 악하고 불건전한 것들을 여읜 데서 생기는 기쁨과 안락이 있는 초선(初禪)을 성취하여 자적하였다.[62]

이와 같이 싯닷타는 자신이 예전에 체험했던 선정수행을 닦기로 결심했다. 그 이후의 행적에 대해 경전에서는 이렇게 설명하고 있다.

그래서 곧 이 법을 버리고 다시 병이 없는 위없이 안온한 열반을 구하고, 늙음도 없고 죽음도 없으며 근심 걱정도 없고 더러움도 없는 위없이 안온한 열반을 구한 뒤에, 상정산(象頂山)[63] 남쪽에 있는 울비라(鬱鞞羅)[64]의 사나(斯那)[65]라는 범지 마을(梵志村)[66]로 갔다. 그 땅은 아주 좋아서 즐길 만하며 산림은 울창하고 니련선하(尼連禪河)[67]의 맑은 물도 언덕까지 찰랑찰랑 흐르고 있었다. 나는 그것을 보고 곧 이렇게 생각하였다.

'이 땅은 아주 좋아서 즐길 만하다. 산림은 울창하고 니련선하의 맑은 물도 언덕까지 찰랑찰랑 흐르고 있구나. 만일 큰 종족의 아들이 공부하고자 한다면 이런 곳이 좋을 것이다. 내가 공부하기에도 아주 적절하다. 나는 이제 차라리 여기서 공부하리라.'[68]

이제 싯닷타는 고행을 포기하고, 라자가하에서 남쪽으로 80킬로미터 가량 떨어진 우루웰라(Uruvelā, 優樓頻螺)의 세나니가마(Senānigama, 將軍村)에 있는 네란자라(Nerañjarā, 尼連禪河)강 근처에 다다랐다. 싯닷타는 제일 먼저 고행으로 인해 극도로 쇠약해지고 더러워진 몸을 네란자라강물에 깨끗이 씻어냈다. 그리고 마을 처녀 수자따(Sujātā, 善生)가 바친 우유죽을 섭취하여 심신을 회복했다. 그런 다음 숲 속에 들어가 자리를 잡았다.

그러고는 곧 풀을 가지고 보리수가 있는 데로 가서 그 밑에 깔고, 니사단(尼師檀)[69]을 풀 위에 펴고 가부좌를 하고 앉았다. 나는 번뇌를 다할 때까지는 결코 자리에서 일어나지 않으리라 결심하였다.

과연 나는 자리에서 일어나지 않고 번뇌를 다하게 되었다. 그래서 나는 병이 없는 위없이 안온한 열반을 구하여 곧 병이 없는 위없이 안온한 열반을 얻었고, 늙음도 없고 죽음도 없으며 근심 걱정도 없고 더러움도 없는 위없이 안온한 열반을 구하여, 곧 늙음도 없고 죽음도 없으며 근심 걱정도 없고 더러움도 없는 위없이 안온한 열반을 얻었다. 그리고 내게는 앎이 생기고, 소견이 생기고, 결정된 도품법(道品法)[70]이 있어, 생은 이미 다하고 범행은 이미 서고, 할 일은 이미 마쳐, 다시는 후세의 존재를 받지 않는다는 것을 사실 그대로 알았느니라.[71]

이와 같이 싯닷타는 자신만의 고유한 수행법을 통해 마침내 열반을 증득했다. 그 방법이란 바로 수정주의와 고행주의의 두 극단을 떠난 중도(中道, Majjhimā Paṭipadā)였다.

5
깨달음의 완성

싯닷타 태자는 우루웰라 마을의 네란자라강 변에 있는 앗삿타(assattha) 나무[72] 아래에서 드디어 '완전한 깨달음'[73]을 이루었다. 그는 이제 붓다(Buddha, 佛陀), 즉 '깨달은 자(覺者)'가 되었다. 이것을 중국·한국·일본에서는 흔히 '성도(成道)'라고 한다. 이 말은 '깨달음의 완성'이라는 뜻이다.

태자가 깨달음을 이룬 시기는 35세 때의 일이다. 뒷날 붓다가 깨달음을 얻은 이곳을 붓다가야(Buddhagayā, 佛陀伽倻)[74]라고 하며, 앗삿타 나무를 '보리수(菩提樹)'라고 부른다. 오늘날 보리수 밑에는 붓다가 성도할 때 앉았다고 하는 돌로 된 좌대, 즉 금강보좌(金剛寶座)가 있으며, 그 옆에는 사각 형태의 대탑(大塔)이 우뚝 솟아 있다.

빨리 『율장』 「대품」에 의하면, 붓다는 성도한 후 4주(28일)[75] 동안 보리수와 다른 나무들 밑에서 홀로 가부좌한 채 열반의 기쁨을 만끽하고 있었다고 한다. 이를테면 첫 번째 7일 동안은 보리수 밑에서, 두 번째 7일 동안은 아자빨라 니그로다(Ajapāla-nigrodha)[76] 나무 밑에서, 세 번째 7일은 무짜린다(Mucalinda) 나무 밑에서, 네 번째 7일은 라자야따나(Rājāyatana) 나무 밑에서 보냈다고 한다. 붓다는 네 번째 7일 동안 라자야따나 나무 밑에서 결가부좌한 채 삼매에 잠겨 해탈의 즐거움을 누리고 있었다.

그때 따뿟사(Tapussa)와 발리까(Bhallika)라는 두 상인이 욱깔라(Ukkalā) 지방에서 세존이 계신 곳으로 향하는 큰길을 가고 있었다. 그런데 전생에 두 상인의 친척이었던 천신(天神)이 그들 앞에 나타나 세존께 공양을 올리도록 권하였다.

"벗들이여, 이제 막 깨달음을 이루신 세존께서 라자야따나 나무 아래에 계십니다. 그분께 보리죽과 꿀을 공양하십시오. 그러면 그대들은 오랫동안 즐거움과 안락함을 얻을 것입니다."

그리하여 그들은 보리죽과 꿀을 가지고 세존에게 다가가 공손히 절한 뒤 한쪽에 서서 말하였다.

"세존이시여, 저희들의 보리죽과 꿀을 받으십시오. 그러면 저희들은 오랫동안 즐거움과 안락함을 누릴 것입니다."

그때 세존께서는 생각하셨다.

'여래(如來)가 저들의 손에서 직접 음식을 받을 수는 없다. 나는 어떤 것을 사용하여 보리죽과 꿀을 받아야 할까?'

그러자 사대왕(四大王=四天王)이 세존의 생각을 자신들의 마음으로 알아낸 뒤, 사방에서 다가와 수정으로 만든 네 개의 그릇을 바치며 아뢰었다.

"세존이시여, 이것으로 보리죽과 꿀을 받으십시오."

그리하여 세존께서는 수정 그릇으로 음식을 받아 드셨다.

두 상인은 세존께서 음식을 다 드시고 그릇에서 손을 거두는 것을 보고서는, 세존의 발에 머리를 숙이며 아뢰었다.

"세존이시여, 세존과 법(法)에 귀의합니다. 세존께서는 저희들을 신자로 받아 주십시오. 오늘부터 생명이 다할 때까지 귀의하겠습니다."

그리하여 상인 따뻣사와 발리까는 세존과 법이라는 두 의지처에 귀의한 최초의 신자가 되었다.[77]

위 내용은 따뻣사와 발리까라는 두 상인이 불(佛)과 법(法)에 귀의하여 최초의 재가신자가 되었다는 것이다. 그때는 아직 출가한 제자들의 집단, 즉 상가(Saṅgaha, 僧伽)가 형성되기 전이었다. 이것은 붓다가 아직 법을 설하지도 않았는데 벌써부터 그 거룩한 위덕(威德)에 감화되었음을 의미한다.

6
정각자의 고독

붓다가 깨달음을 이룬 지 그리 오래되지 않았을 때였다. 그때 붓다는 자신보다 뛰어난 존재가 없다는 것을 알고 심한 두려움을 느낀 것 같다. 『잡아함경』 제44권, 제1188경 「존중경(尊重經)」에 다음과 같이 묘사되어 있다.

'공경하지 않는 사람은 큰 고통을 받을 것이다. 차례도 모르고 남의 뜻을 두려워할 줄 모르며 제멋대로 하기 때문에 큰 의리에서 타락하게 된다. 공경할 줄 알고 차례를 지키며 그것에 순종하면 그는 안락하게 지낼 수 있을 것이다. 공경할 줄 알고 차례를 지키며 남에게 순종하면 큰 의리가 만족해진다. 혹 어떤 하늘이나 악마·범(梵), 사문·바라문, 천신(天神)이나 세상 사람들 중에 내가 두루 갖춘 계율(戒律)보다 낫고 삼매(三昧)보다 나으며, 지혜(智慧)보다 낫고, 해탈(解脫)보다 나으며, 해탈지견(解脫知見)보다 나아서,[78] 나로 하여금 공경하고 존중하게 하며 받들어 섬기고 공양하게 할 만한 것이 있으면 나는 그를 의지해 살리라.'

또 이렇게 생각하였다.

'어떤 하늘이나 악마·범, 사문·바라문, 천신이나 세상 사람들 중에 내가 두루 갖추고 있는 계율보다 낫고, 내가 지니고 있는 삼매나 지혜나 해탈이나 해탈지견보다 나아서, 나로 하여금 공경하고 존중하게 하며 받들어 섬기고 공양하게 할 만한 것이 있어서 그를 의지해 살아야 될 만한 자는 어느 누구도 없다. 오직 바른 법이 있어서 나로 하여금 스스로 깨닫게 하여 삼먁삼불타(三藐三佛陀)[79]를 이룩하게 하였다. 나는 마땅히 그것만을 공경하고 존중하며 받들어 섬기고 공양하면서 그것을 의지해 살아가리라. 왜냐하면 과거의 여래·응공·등정각께서도 바른 법을 공경하고 존중하셨으며, 받들어 섬기고 공양하면서 그것을 의지해 사셨기 때문이다.'[80]

위 경전은 붓다와 범천왕(梵天王)의 대화 형식으로 되어 있다. 이것은 당시 붓다의 심경을 신화적 수법으로 표현한 것이다. 붓다가 깨달음을 이룬 직후, 공경하고 존중해야 할 사람이 없다는 사실을 알고, 앞으로 누구를 존중하고 의지해야 할까를 고민하다가 결국 자신이 깨달은 진리인 법(法)을 존중하며 의지하기로 했다는 것이다. 이 경전을 통해 '정각자의 고독'을 엿볼 수 있다.

이것은 비록 붓다가 정각(正覺)을 이루었지만 그것은 내적 체험(內證)에 불과하다. 붓다는 깨달음의 희열을 느끼면서도 이상한 불안감을 떨칠 수 없었던 것 같다. 자신이 깨달은 법을 누군가와 공유할 수 있다면 얼마나 좋았겠는가? 그러나 그런 사람은 아무도 없었다. 그래서 자신이 깨달은 법을 의지하면서 그것을 다른 사람들에게 알려야겠다고 생각하게 되었다. 이것이 바로 전도의 문제, 즉 설법의 문제였다.[81]

그런데 『잡아함경』 제39권 제1092경 「마녀경(魔女經)」에는 이러한 붓다 앞에 악마 파순(惡魔波旬)[82]이 찾아와 유혹하는 장면이 나온다. 붓다가 깨달음을 이룬 지 얼마 되지 않았을 때였다. 그때 악마 파순이 붓다를 어려움에 빠뜨리기 위해 젊은 사람으로 변신하여 붓다 앞에 나타나 게송을 읊었다.

구담이여, 만일 스스로
안온한 열반의 길을 알았거든
혼자서나 무위(無爲)를 실컷 즐기지
어찌하여 억지로 남을 교화하려 하는가?

부처님께서 다시 게송으로 대답하셨다.

악마의 손이 미치지 않는 곳에
찾아와 저 언덕으로 건너는 방법 물으면
나는 곧 그에게 올바른 대답 해주어
그로 하여금 열반(涅槃)을 얻게 한다.
그때 그가 방일하지 않으면
악마의 뜻대로 되지 않으리.[83]

위 내용은 비록 악마가 한 말이지만, 법을 설해 보았자 헛수고가 되지 않을까 하는 불안한 심경을 나타낸 것이라 할 수 있다.

7
범천의 권청

붓다가 깨달음을 이루고 난 뒤, 처음에는 법을 설할 뜻이 없었음을 알 수 있다. 붓다가 출가한 동기는 늙음·병듦·죽음이라는 문제를 해결하기 위해서였다. 그것을 해결했으니 이제 그 목적을 이룬 셈이다. 굳이 자신이 깨달은 법을 설해야 할 필요성을 느끼지 못했을지도 모른다. 그것을 실감나게 묘사한 것이 바로 저 유명한 '범천권청(梵天勸請)'의 설화이다. 『증일아함경』 제10권 제19 권청품 제1경에 이렇게 묘사되어 있다.

 그때 세존께서는 도(道)를 얻은 지 오래지 않았는데, 이렇게 생각하였다.
 '내가 얻은 매우 깊은 이 법은 밝히기 어렵고 알기 어려우며,

깨달아 알기 어렵고 생각하기도 어려운 것이다. 번뇌가 끊어진 미묘한 지혜를 가진 사람만이 깨달아 알 수 있는 것이다. 그 이치를 분별하여 익히기를 게을리하지 않으면, 곧 기쁨을 얻을 것이다. 설령 내가 남을 위해 이 묘한 법을 연설하더라도 사람들이 그것을 믿고 받아 주지 않거나 또 받들어 실천하지 않으면, 부질없이 수고롭고 손해만 있을 것이다. 나는 이제 차라리 침묵을 지키는 것이 좋겠다. 어찌 꼭 설법할 필요가 있겠는가?[84]

위 경전에 의하면, 붓다는 처음에 전법할 생각이 없었던 것으로 보인다. 왜냐하면 만일 법을 설하더라도 다른 사람들이 받아들이지 않거나 실천하지 않으면 자신만 초라하게 된다고 생각했기 때문이었다. 그때 범천왕(梵天王)이 붓다의 생각을 알아차리고, 세존 앞에 나타나 이렇게 말했다.

그때 범천이 세존께 아뢰었다.
"이 염부제(閻浮提)는 반드시 무너지고 말 것이요, 삼계(三界)는 눈을 잃게 될 것입니다. 여래(如來) · 지진(至眞) · 등정각(等正覺)께서 이 세상에 출현(出現)하시면 마땅히 법보(法寶)를 연설하시는데, 지금 그 법을 연설하지 않고 계십니다. 오직 바라옵건대 여래께서는 널리 중생들을 위하여 심오한 법을 널리 연설하소서. 그리고 이 중생들의 근기(根器)는 제도하기가 쉽습니다. 그러나 만일 법을 듣지 못한다면 영원히 법안(法眼)을 잃게 되어 이들은 분명 법에서 버려진 아들이 되고 말 것입니다.

비유하면 푸른 연꽃(優鉢蓮華)[85]이나 붉은 연꽃(拘牟頭華)[86]이나 흰 연꽃(分陀利華)[87]이 비록 땅에서 나오긴 했지만, 물 위로 나오지 못해 피지 못하는 것과 같습니다. 지금은 저 꽃이 점점 자라려고 아직 물에서 나오지 않고 있지만, 혹 때가 되면 그 꽃은 물 위로 솟아오르고, 혹 때가 되면 그 꽃은 물에 젖지 않을 것입니다. 이 세상의 중생들도 그와 같아서, 태어남·늙음·병듦·죽음에 시달리고 있지만 근기는 이미 성숙했습니다. 그러나 만일 법을 듣지 못하고 그만 죽고 만다면, 그 또한 애달프지 않겠습니까? 그러니 지금이 바로 그때입니다. 부디 원컨대 세존께서는 저들을 위하여 설법해 주소서."[88]

범천왕이 붓다께 말한 요지는 '만일 법을 듣지 못한다면 영원히 법안(法眼)을 잃게 된다'는 것이었다. 비록 연꽃이 아직 물 위로 나오지 못했지만 점점 자라서 물 위로 나와 물에 젖지 않게 되는 것과 같은 이치라는 것이다. 이것은 비록 이 세상의 중생들이 생·로·병·사의 괴로움을 받고 있지만, 법을 들으면 깨달을 수 있게 된다는 것이다. 붓다는 이러한 범천의 권청을 듣고, 비로소 전법을 결심하게 된다. 그때 붓다는 범천왕의 마음속 생각을 알고, 또 일체중생들을 가엾이 여겨 다음과 같은 게송을 읊었다.

범천이 지금 여래를 찾아와서
법(法)의 문 열어 주기 간청하나니
이 법을 듣는 사람 독실한 믿음 얻어
심오한 이 법의 요지 분별하여라.

마치 저 높은 산꼭대기에 올라
중생들 무리를 두루 살피는 것처럼
내 이제 이 법을 지녔으니
높은 데 올라 법안을 나타내리라.

그때 범천은 '여래께서 틀림없이 중생들을 위해 심오하고 미묘한 법을 연설하실 것이다'라고 생각하고 기뻐 뛰면서 어쩔 줄을 몰라 했다. 그는 곧 머리를 조아려 부처님 발에 예를 올리고

천상(天上)으로 돌아갔다.[89]

    이 경은 '범천권청'이라는 신화적 수법을 동원하고 있다. 이것은 붓다의 심적 변화 과정을 문학적으로 표현한 것이라 할 수 있다. 현존하는 초기경전에 의하면, 붓다는 깨달음 직후 전법에 대해 부정적인 시각을 갖고 있었던 것 같다. 그러나 시간이 경과하면서 점차 긍정적인 시각으로 바뀌게 된 것으로 보인다. 흔히 붓다는 일체중생을 구제하기 위해 이 세상에 출현한 것으로 알려져 있다. 그러나 이것은 역사적 사실이 아닌 듯하다. 붓다는 중생 제도를 목적으로 출가하지 않았기 때문이다. 그는 자신이 당면한 늙음·병듦·죽음이라는 실존의 문제를 해결하기 위해 출가했던 것이다. 그러나 그가 깨달음을 이루고 나서 비로소 중생 구제로 눈을 돌리게 되었던 것이다. 그리하여 붓다는 자신이 깨달은 진리를 다른 사람들에게 설법하기로 결심하게 되었던 것이다.

8
전법의 대상자

전법을 결심한 붓다는 이제 최초의 전법 대상자를 물색하기 시작했다. 그가 제일 먼저 고려한 사항은 자신이 깨달은 진리를 설해 주면 곧바로 이해할 수 있는 사람을 찾는 것이었다. 그러한 전후 사정을 자세히 언급한 경전은 『증일아함경』 제14권 제24 고당품 제5경이다. 이 경에서 그 전후 사정을 다음과 같이 묘사하고 있다.

어느 때 부처님께서는 마갈국(摩竭國)[90]의 도량수(道場樹)[91] 밑에서 처음으로 부처가 되었다. 그때 세존께서 문득 이렇게 생각하였다.

'나는 지금 이 매우 심오(深奧)한 법을 얻었다. 이 법은 이해하기 어렵고 깨닫기 어려우며, 밝히기 어렵고 알기 어려우며, 지극히 미묘(微妙)하여 지혜로운 사람만이 깨달아 알 수 있는 것이다. 나는 우선 누구를 위해 이 법을 설명해야 할까? 내 법을 알아야 할 사람은 누구일까?'[92]

이와 같이 붓다는 첫 설법의 대상자를 선정하기 위해 고심했다. 그때 마침 예전에 선정을 배웠던 알라라 깔라마(Āḷāra Kālāma)가 머리에 떠올랐다. 경전에는 이렇게 묘사되어 있다.

> 세존께서는 다시 이렇게 생각하였다.
> '라륵가람(羅勒迦藍)[93]은 모든 감각 기관(根)이 이미 익숙해졌으니 마땅히 먼저 제도해야 할 만한 사람이다. 또 그는 나에게 법이 있는 것을 알고 기다리고 있을 것이다.'
> 이렇게 생각하였을 때에 어떤 하늘이 허공에서 세존께 아뢰었다.
> "라륵가람은 죽은 지 이미 이레나 지났습니다."
> 그때 세존께서는 다시 이렇게 생각하였다.
> '이 얼마나 괴로운 일인가? 내 법을 듣지 못하고 그만 죽고 말았구나. 만일 내 법을 들었다면 그는 곧 해탈하였을 것이다.'[94]

그다음은 그에게 비상비비상처정(非想非非想處定)을 가르쳐 준 웃다까 라마뿟따(Uddaka Rāmaputta)를 머리에 떠올렸다.

이때 세존께서는 다시 이렇게 생각하였다.

'그러면 나는 지금 제일 먼저 누구에게 설법해 주어서 해탈을 얻게 해야 하나? 울두람불(鬱頭藍弗)[95]을 우선 제도해야겠다. 지금 그에게 설법을 해주자. 그가 내 법을 듣고 나면 아마도 제일 먼저 해탈하게 될 것이다.'

세존께서 이렇게 생각하실 때에 다시 어떤 하늘이 허공에서 말하였다.

"그는 어젯밤 중에 죽었습니다."

그때 세존께서 곧 이렇게 생각하였다.

'울두람불이 죽다니, 이 얼마나 괴로운 일인가? 내 법을 듣지 못하고 그만 죽고 말았구나. 만일 내 법을 들었다면 그는 곧 해탈하였을 것이다.'[96]

이와 같이 그에게 선정을 가르쳐 준 두 스승이 이 세상에 존재하지 않았다. 참으로 애석한 일이 아닐 수 없었다. 이제 그는 예전에 함께 고행했던 다섯 수행자들을 머리에 떠올렸다.

그때 세존께서는 다시 이렇게 생각하였다.

'그렇다면 누가 먼저 이 법을 듣고 해탈할 수 있을 것인가?'

그때 세존께서는 다시 곰곰이 생각하였다.

'나는 저 다섯 비구의 힘을 많이 입었다. 내가 어릴 때부터 그들은 내 뒤를 늘 따랐었다.'

세존께서 다시 이렇게 생각하였다.

'지금 저 다섯 비구들이 살아 있을까?'

세존께서는 곧 천안(天眼)으로 그 다섯 비구들이 있는 곳을 관찰해 보았다. 그들은 바라내(波羅㮈)[97]의 선인(仙人)이 살았던[98] 녹원(鹿苑)[99]에 머물고 있었다.

'나는 이제 저곳으로 가서 저 다섯 비구들에게 제일 먼저 설법해 주어야겠다. 저들이 내 법을 듣고 나면 틀림없이 해탈할 수 있을 것이다.'[100]

붓다는 마침내 첫 설법의 대상자를 선정했다. 이제는 다섯 무리(pañca - vaggiya)들이 머물고 있는 녹야원으로 출발하기로 결심하게 되었던 것이다.

9
외도와의 만남

드디어 붓다는 다섯 고행자들에게 법을 설하기 위해 우루웰라를 떠나 바라나시(Bārāṇasī, 波羅奈城)의 녹야원을 향해 가고 있었다. 그는 도중에 '우빠까(Upaka, 優波迦)'라는 아지와까(Ājīvakā, 邪命外道) 교도를 만났다. 우빠까는 세존께 "벗이여, 당신의 모든 감각 기관은 깨끗하고 피부색은 맑고 아름답습니다. 벗이여, 당신은 누구를 스승으로 삼고 집을 떠났습니까? 당신의 스승은 누구입니까? 당신은 누구의 교리를 신봉하고 있습니까?"라고 물었다. 붓다는 이렇게 대답했다.

나는 지금 아라한(阿羅漢)이 되어
세간(世間)에서 뛰어나 견줄 이 없다.

천상(天上)과 또 이 인간(人間) 세상에서
나는 가장 높은 이가 되었노라.

또 내게는 스승도 없고
나와 더불어 동등한 이도 없노라.
홀로 높아서 견줄 이 없고
싸늘해져서 따뜻한 기운이 없다.

나는 지금 법륜(法輪)을 굴리기 위해
저 가시나(加尸那)[101]로 가려 하나니
거기에서 이제 이 감로(甘露) 약으로써
눈멀고 어두운 이 깨우치련다.

저 바라내국은
가시(加尸) 국왕이 다스리는 나라이다.
그곳에 다섯 비구가 살고 있으니
그곳에서 미묘(微妙)한 법을 말하려 한다.

그들로 하여금 도를 빨리 이루게 하고

누진통(漏盡通)을 얻게 하여

나쁜 법의 근원을 없애게 하려고 하노니

그런 까닭에 나는 가장 훌륭하니라.

그때 그 범지(梵志)[102]는 찬탄하면서 머리를 숙이고 합장하고는 손가락을 튀기며 빙그레 웃으면서 발길을 돌려 떠나갔다.[103]

이와 같이 붓다는 망설임 없이 우빠까에게 직설로 자신은 '깨달은 자'가 되었기 때문에 하늘과 인간의 스승(天人師)이라고 말했다. 그러나 불행하게도 우빠까는 붓다의 말을 믿지 못하고 떠나갔다. 위에 인용한 경전의 내용은 인간으로서는 최고의 경지에 이른 붓다 자신의 '자각선언(自覺宣言)'인 것이다. 다시 말해서 붓다는 스스로 모든 것을 이겼고, 모든 것을 알았기 때문에 하늘과 땅, 이 세간에 비길 데 없는 정각자(正覺者)라고 밝힌 것이다. 후대의 불전(佛傳)에서는 이것을 보다 문학적으로 표현했다. 그리고 이 내용을 붓다가 탄생할 때 읊은 것으로 미화시켰다. 이것이 바로 저 유명한 '탄생게(誕生偈)'가 되어 버렸다.[104]

10
최초의 설법

우루웰라를 출발한 붓다는 드디어 바라나시의 녹야원에 도착했다. 녹야원에 도착하여 다섯 수행자에게 최초의 설법을 하기까지의 과정에 대해서는 『증일아함경』 제14권 제24 고당품(高幢品) 제5경에 자세히 묘사되어 있다.

그때 다섯 비구들이 멀리서 세존이 오시는 것을 보고 서로 의논하였다.

"저 사문 구담이 멀리서 오고 있다. 생각(情性)이 어지럽고 마음은 순수하지 못하다. 우리들은 아무 말도 하지 말고, 또 일어나서 맞이하지도 말고 또 앉으라고 청하지도 말자."

그때 다섯 비구들은 이런 게송을 읊었다.

저 사람은 존경할 만한 사람이 아니다.
그리고 또 친근하게 대하지도 말자.
잘 왔다고 인사도 하지 말고
자리에 앉기를 청하지도 말자.

그때 다섯 비구들은 이 게송을 마치고 나서 모두 잠자코 있었다. 그러자 세존께서 다섯 비구들이 있는 곳으로 나아가 점점 그들 가까이에 가셨다. 그때 다섯 비구들은 저도 모르게 일어나 맞이하면서 혹은 자리를 펴기도 하고, 혹은 물을 가지고 오기도 하였다. 그러자 세존께서 곧 자리에 앉아 이렇게 생각하셨다.

'이 어리석은 사람들은 끝내 제 본성(本限)을 온전히 가지지 못하는구나.'

그때 다섯 비구들은 세존을 '그대(卿)'라고 불렀다.

그때 세존께서 다섯 비구들에게 말씀하셨다.

"너희들은 무상지진(無上至眞)·등정각(等正覺)을 경(卿)이라고 부르지 마라. 왜냐하면 나는 이미 무상지진·등정각이 되어 훌륭한 감로(甘露)를 얻었노라. 각자 스스로 생각을 오로지 하고 내 법을 들어라."

그때 다섯 비구들이 세존께 아뢰었다.

"구담이시여, 그대는 본래 고행(苦行)할 때에도 오히려 상인(上人)의 법을 얻지 못하였거늘, 하물며 지금 그 어지러운 마음으로 어떻게 도를 얻었다고 말하는가?"

세존께서 말씀하셨다.

"어떻게 생각하느냐? 다섯 사람들이여, 너희들은 일찍이 내가 거짓말하는 것을 들은 적이 있었더냐?"

다섯 비구들이 말하였다.

"아닙니다. 구담이시여."

세존께서 말씀하셨다.

"여래 · 등정각은 이미 감로(甘露)를 얻었다. 너희들은 다 마음을 한곳에 집중하여 내 설법을 들어라."[105]

이렇게 해서 법을 들을 준비가 된 다섯 수행자들에게 붓다는 최초로 법을 설했다. 이것을 '초전법륜(初傳法輪)'이라고 부른다. 이 초전법륜은 불교사에서 매우 중요한 사건이다.『잡아함경』제15권 제379경「전법륜경(轉法輪經)」에는 다음과 같이 설해져 있다.

그때 세존께서 다섯 비구들에게 말씀하셨다.

"이 괴로움에 대한 성스러운 진리는 과거에 일찍이 들어 보지 못한 법이니 마땅히 바르게 사유하라. 그러면 그때 눈(眼)·지혜(智)·밝음(明)·깨달음(覺)이 생길 것이다. 이 괴로움의 원인·괴로움의 소멸·괴로움의 소멸에 이르는 길에 대한 성스러운 진리는 과거에 일찍이 들어 보지 못한 법이니 마땅히 바르게 생각하라. 그러면 그때 눈·지혜·밝음·깨달음이 생길 것이다.

다음에는 괴로움에 대한 성스러운 진리에 관한 지혜도 마땅히 또 알아야 한다. 이것도 과거에 일찍이 들어 보지 못한 법이니 마땅히 바르게 사유하라. 그러면 그때 눈·지혜·밝음·깨달음이 생길 것이다.

괴로움의 원인에 대한 성스러운 진리를 이미 알았으면 마땅히 끊어야 한다. 이것도 과거에 일찍이 들어 보지 못한 법이니 마땅히 바르게 생각하라. 그러면 그때 눈·지혜·밝음·깨달음이 생길 것이다.

다음에는 괴로움의 원인을 소멸하는 것이니, 이 괴로움의 소멸에 대한 성스러운 진리를 이미 알았으면 마땅히 증득할 줄 알아야 한다. 이것도 과거에 들어 보지 못한 법이니 마땅히 바르게 생각하라. 그러면 그때 눈·지혜·밝음·깨달음이 생길 것이다.

또 이 괴로움의 소멸에 이르는 길에 대한 성스러운 진리를 이미 알았으면 마땅히 닦아야 한다. 이것도 과거에 일찍이 들어 보지 못한 법이니 마땅히 바르게 생각하라. 그러면 그때 눈·지혜·밝음·깨달음이 생길 것이다.

다음은 비구들이여, 이 괴로움에 대한 성스러운 진리를 이미 알고 이미 벗어났다는 것을 아는 것이다. 이것도 들어 보지 못한 법이니 마땅히 바르게 생각하라. 그러면 그때 눈·지혜·밝음·깨달음이 생길 것이다.

또 이 괴로움의 원인에 대한 성스러운 진리를 이미 알고 이미 끊어 벗어난 것이다. 이것도 들어 보지 못한 법이니 마땅히 바르게 생각하라. 그러면 그때 눈·지혜·밝음·깨달음이 생길 것이다.

또 괴로움의 소멸에 대한 성스러운 진리를 이미 알고 이미 증득하여 벗어난 것이다. 이것도 들어 보지 못한 법이니 마땅히 바르게 생각하라. 그러면 그때 눈·지혜·밝음·깨달음이 생길 것이다.

또 괴로움의 소멸에 이르는 길에 대한 성스러운 진리를 이미 알고 이미 닦아 벗어난 것이다. 이것은 일찍이 들어 보지 못한 법이니 마땅히 바르게 생각하라. 그러면 그때 눈·지혜·밝음·깨달음이 생길 것이다.

비구들이여, 내가 이 사성제(四聖諦)의 삼전십이행(三轉十二行)에 대하여 눈·지혜·밝음·깨달음이 생기지 않았다면, 나는 끝내 모든 하늘·악마·범(梵)·사문(沙門)·바라문(婆羅門) 등 법을 듣는 대중들 가운데에서 해탈하지도 벗어나지도 여의지도 못했을 것이요, 또한 스스로 아뇩다라삼먁삼보리[106]를 증득하지도 못했을 것이다.

나는 이미 사성제의 삼전십이행에 대하여 눈·지혜·밝음·깨달음이 생겼기 때문에 모든 하늘·악마·범·사문·바라문 등 법을 듣는 대중 가운데서 벗어나게 되었고 해탈하게 되었으며, 스스로 아뇩다라삼먁삼보리를 증득하게 되었느니라."[107]

이 경전에서 붓다는 사성제의 삼전십이행(三轉十二行, tiparivaṭṭaṃ dvādasākāraṃ)을 통해 깨달음을 이루게 되었다고 말했다. 삼전십이행이란 '세 번 굴린 열두 가지의 형태'라는 뜻이다. 삼전(三轉)이 각각 안(眼)·지(智)·명(明)·각(覺)의 네 가지 행상(行相)을 갖춤으로써 모두 합하여 십이행상(十二行相)이 된다.

또한 『증일아함경』 제14권 제24 고당품 제5경에 "다섯 비구들이여, 마땅히 알아야 한다. 이 네 가지 진리가 삼전십이행이 되는 것을 사실 그대로 알지 못하면 위없는 무상정진(無上正眞)·등정각(等正覺)을 이룩하지 못할 것이다. 나는 이 네 가지 진리가 삼전십이행이 되는 것을 사실 그대로 깨달아 알았기 때문에 무상지진(無上至眞)·등정각을 이룩하였다"[108]라고 설해져 있다.

이와 같이 삼전십이행상(三轉十二行相)은 먼저 제1단계로서, '이것이 고(苦)임을 알고, 이것이 고(苦)의 집(集)임을 알고, 이것이 고(苦)의 멸(滅)임을 알고, 이것이 고(苦)의 멸(滅)에 이르게 하는 도(道)임을 안다'고 하는 사제(四諦)의 충실한 이론적 이해를 제시하고 있다.

다음 제2단계로서, '고(苦)는 널리 알아야 할 것이요, 집(集)은 끊어 버려야 할 것이요, 멸(滅)은 실증해야 할 것이요, 도(道)는 닦아야 할 것이다'고 하여 사제가 여실히 실천 체험되어야 할 것임을 서술했다.

최후의 제3단계로서, '고(苦)를 두루 앎을 마치고, 집(集)을 끊어 버림을 마치고, 멸(滅)을 실증함을 마치고, 도(道)를 닦음을 마친다'는 것이다.

요컨대 삼전십이행상이란 괴로움에서부터 괴로움의 소멸로 이끄는 길에 대한 인식의 형태를 말한 것이다. 즉 첫째 시전(示轉)은 '이것은 괴로움이다' 등의 사제를 나타내는 것이다. 즉 진리에 대한 지식(saccañāṇa)을 말한다. 둘째 권전(勸轉)은 '괴로움은 알아야 할 것이다' 등으로 사제의 수행을 권하는 것이다. 즉 해야 할 일에 대한 지식(kiccañāṇa)을 말한다. 셋째 증전(證轉)은 '괴로움을 스스로 알았다' 등으로 사제를 증득하는 것이다. 즉 한 일에 대한 지식(katañāṇa)을 말한다.

이 가운데 첫 번째 단계가 견도(見道)이고, 두 번째 단계가 수도(修道)에 해당되며, 세 번째 단계가 정각(正覺)의 깨달음을 의미한다. 즉 붓다는 사제의 관법을 통해 견도·수도·정각의 3단계를 거쳤다는 것이다. 후대의 아비달마불교에서 이 세 가지 수행 단계를 체계화하여 '삼도(三道)'라고 했다. 즉 견도(見道, darśana-mārga)·수도(修道, bhāvanā-mārga)·무학도(無學道, aśaikṣa-mārga)이다. 이 삼도의 수행 체계는 『전법륜경(轉法輪經)』의 삼전십이행상에서 비롯된 것임을 알 수 있다.

『전법륜경』은 여기서 끝나지 않는다. 이어서 이 가르침을 받고 제일 먼저 꼰단냐(Koṇḍañña)가 깨달음을 얻었다. 이 역사적 사건을 경전에서는 다음과 같이 자세히 묘사하고 있다.

그때 세존께서 이 법을 말씀하셨을 때, 존자 교진여(憍陳如)[109]와 팔만의 모든 하늘들은 티끌을 멀리하고 때를 여의어 법안(法眼)이 깨끗해졌다.

그때 세존께서 존자 교진여에게 말씀하셨다.

"법을 알았느냐?"

교진여가 부처님께 아뢰었다.

"이미 알았습니다. 세존이시여."

또 교진여에게 물으셨다.

"법을 알았느냐?"

구린(拘隣)[110]이 부처님께 아뢰었다.

"이미 알았습니다. 선서(善逝)[111]시여."

존자 구린이 이미 법을 알았기 때문에 이름을 아야구린(阿若拘隣)[112]이라고 부르셨다. 존자 아야구린이 법을 알고 나자 지신(地神)들은 소리를 높여 외쳤다.

"여러분, 세존께서는 바라내국의 선인이 살던 녹야원에서 삼전십이행(三轉十二行)의 법륜(法輪)을 굴리셨습니다. 이는 어떤 사문 바라문이나 하늘·악마·범들도 일찍이 굴린 적이 없는 것으로서, 유익한 바가 많고 안락하게 하는 바가 많은 것입니다. 세간을 가엾이 여겨 이치로써 이롭게 하시고 하늘과 사람들을 이롭고 편안하게 하여, 하늘 무리들은 더욱 불어나게 하고 아수라의 무리들은 줄게 하셨습니다."

지신이 외치고 나자 그 소리를 들은 허공신천(虛空神天)·사천왕천(四天王天)·삼십삼천(三十三天)·염마천(炎魔天)·도솔타천(兜率陀天)·화락천(化樂天)·타화자재천(他化自在天)들이 서로 이어 가며 외쳐 그 소리를 전하였고[113] 잠깐 사이에 범천(梵天)까지 들리게 되었다. 범천도 그 소리를 받아 외쳤다.

"여러분, 세존께서는 바라내국의 선인이 살던 녹야원에서 삼전십이행의 법륜을 굴리셨습니다. 모든 사문 바라문과 모든 하늘·악마·범들이 들은 이 법은 일찍이 굴려진 적이 없는 것으로, 유익한 바가 많고 안락하게 하는 바가 많은 것입니다. 세간을 가엾이 여겨 이치로써 이롭게 하시고 하늘과 사람들을 이롭고 편안하게 하여, 하늘 무리들은 더욱 불어나게 하고 아수라의 무리들은 줄게 하셨습니다."

세존께서 바라내국의 선인(仙人)이 살던 녹야원에서 법륜을 굴리셨기 때문에 이 경을 전법륜경(轉法輪經)이라고 한다.[114]

위 경전에 의하면, 붓다가 다섯 수행자들에게 법을 설하자 최초로 꼰단냐가 깨달음을 이루었다. 그때의 상황을 이 경전에서는 신화적 수법을 동원하여 매우 감격스럽게 표현하고 있다. 붓다의 제자 중에서 최초로 깨달은 자가 출현했다는 것은 크나큰 경사가 아닐 수 없기 때문이다. 그래서 이 경에는 지신(地神)을 비롯한 여러 천신(天神)들이 이 사건을 찬탄하는 것으로 묘사되어 있다.

주(註)

1. 범어(梵語)로는 샤캬무니 붓다(Śākyamuni Buddha, 釋迦牟尼佛)이다.
2. 석가족(釋迦族)의 원어는 빨리어로는 사캬(Sakya), 삭까(Sakka), 사끼야(Sākiyā) 등으로, 범어로는 샤캬(Śākya)로 표기된다.
3. 석가족의 나라를 '석가국'이라고 부르지만, 붓다가 태어나기 전에 이미 석가족의 나라는 당시 강대국이었던 꼬살라(Kosala, 憍薩羅)국에 예속된 상태였다. 그러나 여기서는 편의상 '석가족' 혹은 '석가국'이라고 표기한다.
4. 범어로는 까삘라와스뚜(Kapilavastu)이다.
5. 범어로는 가우따마(Gautama)인데, '가장 좋은 소'라는 뜻이다. '구담(瞿曇)'으로 한역되기도 한다.
6. 범어로는 싯다르타(Siddhartha)인데, '목적을 성취한 자'라는 뜻이다.
7. Sn v.422, "Ujuṃ janapado rāja, Himavantassa passato, dhanaviriyena sampanno, Kosalesu niketino."
8. Sn v.423, "Ādiccā nāma gottena, Sākiyā nāma jātiyā, tamhā kulā pabbajito'mhi rāja, na kāme abhipatthayaṃ."

9. Sn v.991, "Purā Kapilavatthumhā, nikkhanto lokanāyako, apacco Okkākarājassa, Sakya putto pabhaṃkaro."
10. Sn v.1128, "Te tositā cakkhumatā, Buddhen'Ādiccabandhunā, brahmacariyaṃ acariṃsu, varapaññassa santike."
11. 마성, 『사캬무니 붓다』(서울: 대숲바람, 2010), pp.47-52 참조.
12. 십육대국(十六大國)을 '마하자나빠다(Mahājanapada)'라고 한다.
13. 범어로는 슈라와스띠(Srāvastī)이다.
14. 『佛國記』는 『高僧法顯傳』이라고도 한다.
15. 범어 까삘라와스뚜(Kapilavastu)의 음사.
16. 法顯 記, 『高僧法顯傳』제1권(T51, p.861), "從此東行減一由延到迦維羅衛城. 城中都無王民甚丘荒, 止有眾僧民戶數十家而已."
17. 범어 까삘라와스뚜(Kapilavastu)의 음사.
18. 玄奘 詔譯, 『大唐西域記』제6권(T51, p.900c), "劫比羅伐窣堵國, 周四千餘里. 空城十數, 荒蕪已甚. 王城頹圮, 周量不詳. 其內宮城周十四五里, 壘甎而成, 基跡峻固. 空荒久遠, 人里稀曠. 無大君長, 城各立主. 土地良沃, 稼穡時播, 氣序無愆, 風俗和暢."
19. 커닝엄(Cunningham, 1814~1893)은 영국 웨스트민트에서 출생했다. 인도 고고학의 아버지라 불린다. 원래 엔지니어였으나 1831년 이후 인도 고고학에 전념하여, 1834~1854년까지 마니칼라, 사르나트, 비슬라 등의 유적을 발굴했다. 유적지 발굴을 통해 불교 역사의 재발견을 이루었다. 만년에는 화폐학 연구에 전념하다가 런던에서 죽었다. 논문은 「캐시미르 사원에 대한 일련의 저작」 외 24권의 고고학 보고서가 있다. 인도역사가들에게는 귀중한 문헌이다.
20. 마스타니 후미오, 『붓다, 그 생애와 사상』, 반영규 옮김(서울: 대원정사, 1987), pp.18-9.

21. 빈센트 스미스(Vincent Arthur Smith, 1848~1920)는 아일랜드 더블린(Dublin)에서 출생했다. 영국의 인도학자, 역사학자 및 예술 역사학자였다. 그는 자신의 집필에만 전념하기 위해 일찍 은퇴했다. 그는 인도의 고대와 중세의 역사, 화폐학, 금석학, 예술 및 문화에 관한 연구서들을 저술했다. 그는 *The Early History of India*, *Oxford History of India* 등과 같은 불후의 명저를 많이 남겼다.
22. E. J. Thomas, *The Life of Buddha as Legend and History* (New Delhi: Munshiram Manoharlal Publishers, 1992), p.19에서 재인용.
23. E. J. Thomas, ibid, p.19.
24. 이크슈바꾸(Ikṣuvāku)를 옥까까(Okkāka, 甘蔗王)라고도 한다.
25. 캇띠야(Khattiya)는 범어로는 크사트리야(Kṣatriya, 刹帝利, 王族)에 해당된다.
26. 잠농 통프라스트 · 마성 옮김, 「정치적 시각에서 본 붓다의 생애」, 『불교평론』 제7호(서울: 불교평론사, 2001), pp.362–364.
27. Keishō Tsukamoto, "Reconsidering the Rummindeī Pillar Edict of Aśoka: In Connection with 'a piece of natural rock' from Māyādevī Temple", *Journal of Indian and Buddhist Studies*, Vol. 54, No. 3, March 2006, p.1120.
28. 범어로는 마하쁘라자빠띠 가우따미(Mahāprajāpatī Gautamī)이다. '대애도구담미(大愛道瞿曇彌)', '마하파사파제교담미(摩訶波闍波提憍曇彌)', '마하발자사발저교담미(摩訶鉢刺闍鉢底喬答彌)' 등으로 한역되었다.
29. Piyadass Thera, *The Buddha: His Life and Teaching*, The Wheel Publication No. 5 A/B (Kandy: Buddhist Publication Society, 1988), p.3.
30. Alois Anton Führer, *Antiquities of Buddha Sakyamuni's birth-place in the Nepalese tarai* (Indological Book House, 1897).

31. devānaṃpriya priyadassi rāja를 번역한 것으로 아쇼까왕의 칭호이다. 천애(天愛, Sk. devānaṃpriya)는 '제천(諸天)에게 사랑받는다(諸天의 寵愛者)'라는 의미이고, 희견(喜見, Sk. priyadassi)은 '친절한 용모를 가진 사람'이라는 의미이다.

32. 츠카모토 게이쇼, 『아쇼까왕 비문』, 호진·정수 옮김(서울: 불교시대사, 2008), p.184.

33. 솔도파(窣堵波)는 범어 '스투파(stūpa)'의 음사. 빨리어로는 '투빠(thūpa)'라고 한다. 붓다의 사리를 모신 탑(塔)을 말한다.

34. 玄奘 詔譯, 『大唐西域記』 제6권(T51, p.902b), "四天王捧太子窣堵波側不遠, 有大石柱, 上作馬像, 無憂王之所建也. 後為惡龍霹靂, 其柱中折仆地."

35. 불교교재편찬위원회 편, 『불교사상의 이해』(서울: 불교시대사, 1997), p.52.

36. 불교교재편찬위원회 편, 위의 책, pp.52-53.

37. 빨리어 웨사카(Vesākha)는 위사카(Visākhā, 毘舍佉) 혹은 위샤카(Viśakhā)로 표기하기도 한다. 범어로는 와이샤카(Vaiśākha)라고 하는데, 인도력의 2월로 태양력으로는 4~5월에 해당한다.

38. 숫도다나(Suddhodana)의 음사. 정반왕(淨飯王)이라고 번역한다.

39. 『중아함경』 제29권 제117 「유연경」(T1, p.607c), "我在父王悅頭檀家時, 為我造作種種宮殿, 春殿·夏殿及以冬殿, 為我好遊戲故. 去殿不遠, 復造種種若干華池, 青蓮華池·紅蓮華池·赤蓮華池·白蓮華池. 於彼池中殖種種水華·青蓮華·紅蓮華·赤蓮華·白蓮華, 常水常華, 使人守護, 不通一切, 為我好遊戲故. …… 而使四人沐浴於我, 沐浴我已, 赤旃檀香用塗我身, 香塗身已, 著新繒衣, 上下·內外·表裏皆新. 晝夜常以繖蓋覆我莫令太子夜為露所沾, 晝為日所炙. …… 我憶昔時父悅頭檀家, 於夏四月昇正殿上, 無有男子, 唯有女妓而自娛樂,

初不來下. 我欲出至園觀之時, 三十名騎, 簡選上乘, 鹵簿前後, 侍從
導引, 況復其餘. 我有是如意足, 此最柔軟."

40. 『중아함경』 제29권 제117 「유연경」(T1, pp.607c - 608a).

41. 『장아함경』 제1권 제1 「대본경」(T1, pp.6a - 7a).

42. 『잡아함경』 제14권 제346경(T2, p.95c), "有三法. 世間所不愛・不念・不
可意. 何等為三? 謂老・病・死. 世間若無此三法不可愛・不可念・
不可意者. 如來・應・等正覺不出於世間. 世間亦不知有如來・應・
等正覺知見. 說正法・律."

43. 사마나(samaṇa)의 음사. 범어로는 슈라마나(śramaṇa)이다. 사문은 당시
바라문 사상에 맞서 새로운 우주・인생관을 제시하면서 자유로운 사상
활동을 실천하던 사람들이다. 이 새로운 사상가들을 '사문'이라고 불렀
다. 붓다 역시 이와 같은 사문 가운데 한 사람이었다.

44. 아라라가라마(阿羅羅伽羅摩)는 알라라 깔라마(Āḷāra Kālāma)의 음사. 범
어로는 아라다 깔라마(Ārāḍa Kālāma)이다.

45. 식무변처(識無邊處)의 준말로, 무색계(無色界) 제2천(天)의 경지이다.

46. 무색계 제3천의 경지이다.

47. 『중아함경』 제56권 제204 「나마경」(T1, p.776b - c).

48. 울타라라마자(鬱陀羅羅摩子)는 웃다까 라마뿟따(Uddaka Rāmaputta)의 음
사. 범어로는 우다라까 라마뿟뜨라(Udaraka Rāmaputra)이다. 우다라라
마자(優陀羅羅摩子)로 음사되기도 한다.

49. 이 부분의 한역은 "鬱陀羅! 汝羅摩子"로 되어 있다. 이것은 중국에서
역경 당시 착오에 의해 잘못 번역한 것이다. 울다라(鬱陀羅)와 라마자
(羅摩子)는 두 사람이 아니라 동일 인물이기 때문이다. 앞의 '울다라'는
그의 성(姓)인 '웃다까(Uddaka)'의 음사이고, 뒤의 '라마자'는 그의 이름
인 '라마뿟따(Rāmaputta)'의 음사이다. 그러므로 '울다라라마자'라고 해

야 한다. 싯닷타가 웃다까 라마뿟따를 찾아가서 그가 어떤 수행을 하는지 묻는데, 그의 아버지가 이런 수행을 했다고 말하는 것은 전혀 이치에도 맞지 않는다. 이처럼 잘못된 한역을 그대로 답습하여『한글대장경』에서는 "그대 아버지 라마(羅摩)께서는"이라고 잘못 번역했다. '라마자(羅摩子)'는 '라마의 아들'이 아니라 '라마뿟따'라는 고유명사이다. 그래서 이하 한역의 '아부라마(我父羅摩)'는 모두 '라마자'로 고쳐 번역했다.

50.『중아함경』제56권 제204「나마경」(T1, pp.776c-777a).
51.『증일아함경』제23권 제31 증상품 제8경(T2, pp.670c-671a).
52. 고따마(Gotama)의 음사.
53.『증일아함경』제23권 제31 증상품 제8경(T2, p.671a).
54.『증일아함경』제23권 제31 증상품 제8경(T2, p.671b).
55.『증일아함경』제23권 제31 증상품 제8경(T2, p.671b).
56.『증일아함경』제23권 제31 증상품 제8경(T2, p.671b-c).
57. 탐(貪)·진(瞋)·치(癡)를 증가시키는 것을 불선법(不善法, akusala)이라 하고, 그것을 감소시키는 것을 선법(善法, kusala)이라 한다. 즉 열반에 이르는 데 장애가 되는 것을 불선법, 열반에 이르는 데 도움이 되는 것을 선법이라 한다.
58. 각(覺, vitakka)은 집중하는 대상에 대해 일으킨 생각이다.
59. 관(觀, vicāra)은 그 대상에 대한 지속적인 고찰이다.
60.『증일아함경』제23권 제31 증상품 제8경(T2, p.671b), "我復作是念: '非我成道之本, 故當更有餘道.' 爾時, 我復作是念: '我自憶昔日, 在父王樹下無婬·無欲, 除去惡不善法, 遊於初禪; 無覺·無觀, 遊於二禪; 念淸淨無有眾想, 遊於三禪; 無復苦樂, 意念淸淨, 遊於四禪. 此或能是道, 我今當求此道.'"
61. 염부수(閻浮樹)는 잠부(jambu)의 음사. 인도에 널리 분포되어 있는 낙엽

교목이다. 4~5월경에 옅은 노란색의 작은 꽃이 피고, 짙은 자줏빛의 열매를 맺는다.

62. 『중아함경』 제29권 제117 「유연경」(T1, pp.607c-608a), "我復憶昔時, 看田作人止息田上, 往詣閻浮樹下, 結跏趺坐, 離欲離惡不善之法, 有覺有觀, 離生喜樂, 得初禪成就遊."

63. 상정산(象頂山)은 상두산(象頭山)이라고 표기하기도 하는데, 가야시사(Gayāsīsa)를 말한다.

64. 우루웰라(Uruvelā)의 음사.

65. 세나(Senā)의 음사. '장군(將軍)'이라는 뜻이다.

66. 범지촌(梵志村)은 '바라문 마을'이라는 뜻이다.

67. 네란자라(Nerañjarā)의 음사.

68. 『중아함경』 제56권 제204 「나마경」(T1, p.777a), "我即捨此法, 便求無病無上安隱涅槃, 求無老・無死・無愁憂慼・無穢污無上安隱涅槃已, 往象頂山南, 鬱鞞羅梵志村, 名曰斯那. 於彼中地至可愛樂, 山林鬱茂, 尼連禪河淸流盈岸. 我見彼已, 便作是念: '此地至可愛樂, 山林鬱茂, 尼連禪河淸流盈岸, 若族姓子欲有學者, 可於中學, 我亦當學, 我今寧可於此中學.'"

69. 니시다나(nisīdana)의 음사. 니사단(尼師壇)으로 음사되기도 하는데, 좌구(坐具)・부구(敷具)를 말한다.

70. 도품(道品)은 '깨달음에 이르게 하는 수행의 갈래'를 말하는데, 이 '도품법(道品法)'은 '팔정도(八正道)'를 가리키는 것 같다.

71. 『중아함경』 제56권 제204 「나마경」(T1, p.777a), "即便持草往詣覺樹, 到已布下敷尼師檀, 結跏趺坐, 要不解坐, 至得漏盡, 我便不解坐, 至得漏盡. 我求無病無上安隱涅槃, 便得無病無上安隱涅槃. 求無老・無死・無愁憂慼・無穢污無上安隱涅槃, 便得無老・無死・無愁憂慼・

無穢污無上安隱涅槃. 生知生見, 定道品法, 生已盡, 梵行已立, 所作已辦, 不更受有, 知如眞."

72. 앗삿타(assattha) 나무는 아사왓타(aśvattha) 나무 또는 삡빨라(Pippala, 畢鉢羅) 나무라고도 하는데, 무화과나무의 일종이다.

73. 이것을 아눗따라 삼마삼보디(anuttara sammāsambodhi, 無上等正覺)라고 부른다. '아뇩다라삼먁삼보리(阿耨多羅三藐三菩提)'로 음사되기도 한다.

74. 현재의 보드가야(Bodhgayā)를 말한다.

75. 북전의 불전(佛傳)에서는 7주(49일) 동안 열반의 기쁨을 만끽하고 있었다고 한다.

76. 니그로다(Nigrodha)는 인도 무화과나무에 속한다. 키가 매우 크며, 9~15m 정도까지 자란다. 이 나무는 가지와 잎이 무성하여 더위를 피하고 수행하기에 적합하다. 이 나무를 아자빨라(ajapāla)라고 하는데, 아자빨라란 '염소지기'라는 뜻이다. 염소를 치는 목동들이 자주 이 나무 밑에서 쉬기 때문에 붙인 이름이다.

77. Vin Ⅰ, pp.2-4.

78. 이것은 다섯 가지의 수행 단계를 말한 것이다. 즉 계행(戒, sīla), 삼매(定, samādhi), 지혜(慧, paññā), 해탈(解脫, vimutti), 해탈지견(解脫知見, vimuttiñāṇadassana)이다. 이러한 수행 단계의 완전성에 도달하지 않은 한 스승의 지도가 필요하지만, 붓다는 이 모든 점에서 다른 사문이나 바라문들보다 훨씬 능가하므로 스승을 필요로 하지 않는다.

79. 삼마삼보디(sammāsambodhi)의 음사. '등정각(等正覺)'으로 번역된다.

80. 『잡아함경』 제44권, 제1188경(T2, pp.321c-322a), "不恭敬者, 則爲大苦, 無有次序. 無他自在可畏懼者, 則於大義有所退減; 有所恭敬, 有次序, 有他自在者, 得安樂住; 有所恭敬, 有次序, 有他自在, 大義滿足. 頗有諸天·魔·梵·沙門·婆羅門·天神·世人中, 能於我所具

足戒勝・三昧勝・智慧勝・解脫勝・解脫知見勝, 令我恭敬宗重, 奉事供養, 依彼而住?' 復作是念: '無有諸天・魔・梵・沙門・婆羅門・天神・世人能於我所戒具足勝・三昧勝・智慧勝・解脫勝・解脫知見勝, 令我恭敬宗重, 奉事供養, 依彼而住者. 唯有正法令我自覺, 成三藐三佛陀者, 我當於彼恭敬宗重, 奉事供養, 依彼而住. 所以者何? 過去如來・應・等正覺亦於正法恭敬宗重, 奉事供養, 依彼而住; 諸當來世如來・應・等正覺亦於正法恭敬宗重, 奉事供養, 依彼而住.'"

81. 마스타니 후미오(增谷文雄), 이원섭 옮김, 『아함경』, 개정 2판(서울: 현암사, 2001), p.31.

82. 마라 빠삐만(Māra pāpiman)의 음사.

83. 『잡아함경』 제39권 제1092경(T2, p.286c), "瞿曇若自知, 安隱涅槃道, 獨善無為樂, 何為強化人." 佛復說偈答言: "非魔所制處, 來問度彼岸, 我則以正答, 令彼得涅槃. 時得不放逸, 不隨魔自在."

84. 『증일아함경』 제10권 제19 권청품 제1경(T2, p.593a-b), "爾時, 世尊得道未久, 便生是念: '我今甚深之法難曉難了, 難可覺知, 不可思惟, 休息微妙, 智者所覺知, 能分別義理, 習之不厭, 即得歡喜. 設吾與人說妙法者, 人不信受, 亦不奉行者, 唐有其勞, 則有所損. 我今宜可默然, 何須說法!'"

85. 우발연화(優鉢蓮華)는 웃빨라(Uppala)의 음사인데, 푸른 연꽃(靑蓮)을 말한다.

86. 구모두화(拘牟頭華)는 꾸무다(kumuda)의 음사인데, 붉은 연꽃(紅蓮)을 말한다. 구물두화(鳩勿頭華)로 음사되기도 한다. PED(p.221)에서는 꾸무다를 흰 연꽃(the white lotus)으로 풀이하고 있지만, 연이어 언급되고 있는 뿐다리까(puṇḍarīka)가 흰 연꽃이기 때문에, 여기서 꾸무다는 홍련(紅蓮)으로 해석하는 것이 바람직하다.

87. 분다리화(分陀利華)는 뿐다리까(puṇḍarīka)의 음사인데, 흰 연꽃(白蓮)을 말한다. 분다리가(分陀利迦)로 음사되기도 한다. 한편 연꽃을 뜻하는 '빠두마(paduma)'라는 단어가 있는데, 일반적으로 두 가지 종류를 가리킬 때 주로 쓰인다. 이를테면 랏따-빠두마(ratta-paduma, 紅蓮)와 세따-빠두마(seta-paduma, 白蓮)이다.

88. 『증일아함경』 제10권 제19 권청품 제1경(T2, p.593b), "爾時, 梵天白世尊曰:"此閻浮提必當壞敗, 三界喪目. 如來·至真·等正覺出現於世, 應演法寶, 然今復不暢演法味, 唯願如來普為眾生廣說深法! 又此眾生根原易度. 若不聞者, 永失法眼. 此應為法之遺子, 猶如優缽蓮華·拘牟頭華·分陀利華, 雖出於地, 未出水上, 亦未開敷. 是時, 彼華漸漸欲生, 故未出水, 或時此華以出水上, 或時此華不為水所著. 此眾生類亦復如是, 為生·老·病·死所見逼促, 諸根應熟, 然不聞法而便喪者, 不亦苦哉! 今正是時, 唯願世尊當為說法.""

89. 『증일아함경』 제10권 제19 권청품 제1경(T2, p.593b), ""梵天今來勸, 如來開法門; 聞者得篤信, 分別深法要. 猶在高山頂, 普觀眾生類; 我今有此法, 昇堂現法眼." 爾時, 梵天便作是念:'如來必為眾生說深妙法.' 歡喜踊躍, 不能自勝, 頭面禮足已, 即還天上."

90. 마가다(Magadha)의 음사. 당시 마가다국은 꼬살라(Kosala)국과 적대 관계에 있던 2대 강국이었다.

91. 도량수(道場樹)는 보리수(菩提樹)를 말한다.

92. 『증일아함경』 제14권 제24 고당품 제5경(T2, p.618a-b), "聞如是: 一時, 佛在摩竭國道場樹下, 初始得佛. 爾時, 世尊便作是念:'我今以得此甚深之法, 難解·難了·難曉·難知, 極微極妙智所覺知, 我今當先與誰說法? 使解吾法者是誰?'"

93. 알라라 깔라마(Āḷāra Kālāma)의 음사.

94. 『증일아함경』제14권 제24 고당품 제5경(T2, p.618b), "爾時, 世尊便作是念: '羅勒迦藍諸根純熟, 應先得度, 又且待我有法.' 作此念已, 虛空中有天白世尊曰: "羅勒迦藍死已七日." 是時, 世尊復作念曰: '何其苦哉, 不聞吾法, 而取命終; 設當聞吾法者, 卽得解脫.'"

95. 웃다까 라마뿟따(Uddaka Rāmaputta)의 음사.

96. 『증일아함경』제14권 제24 고당품 제5경(T2, p.618b), "是時, 世尊復作是念: '我今先與誰說法, 使得解脫? 今鬱頭藍弗先應得度, 當與說之, 聞吾法已, 先得解脫.' 世尊作是念, 虛空中有天語言: "昨日夜半, 以取命終." 是時, 世尊便作是念: '鬱頭藍弗何其苦哉! 不聞吾法, 而取命過; 設得聞吾法者, 卽得解脫.'"

97. 바라나시(Bārāṇasī)의 음사.

98. 선인(仙人)은 선인주처(仙人住處)의 준말로, 이시빠따나(Isipatana)의 번역이다.

99. 녹원(鹿苑)은 녹야원(鹿野苑)의 준말로, 미가다야(Migadāya)의 번역이다.

100. 『증일아함경』제14권 제24 고당품 제5경(T2, p.618b), "爾時, 世尊復作是念: '誰先聞法而得解脫?' 是時, 世尊重更思惟: '五比丘多所饒益, 我初生時, 追隨吾後.' 是時, 世尊復作是念: '今五比丘竟爲所在?' 卽以天眼觀五比丘, 乃在波羅㮈仙人鹿園所止之處. '我今當往先與五比丘說法, 聞吾法已, 當得解脫.'"

101. 까시(Kāsi)의 음사. 가시(加尸) 혹은 가시(迦尸)로 음사되기도 한다. 붓다 당시 16대국 중의 하나이다.

102. 범지(梵志)는 범어 브라흐마나(brāhmaṇa)의 음사. 범(梵)은 청정을 뜻함. 바라문(婆羅門)을 일컬음. 바라문은 청정한 수행을 하고 범천(梵天)에 태어나기를 지칭하는 자이므로 이와 같이 말함. 그런데 우빠까(Upaka)는 바라문이라기보다 사명외도로 더 널리 알려져 있다.

103. 『증일아함경』제14권 제24 고당품 제5경(T2, pp.618c), ""我成阿羅漢, 世間最無比, 天及世間人, 我今最為上. 我亦無師保, 亦復無與等, 獨尊無過者, 冷而無復溫. 今當轉法輪, 往詣加尸邦, 今以甘露藥, 開彼盲冥者. 波羅㮈國界, 加尸國王土, 五比丘住處, 欲說微妙法. 使彼早成道, 及得漏盡通, 以除惡法元, 是故最為勝." 時, 彼梵志歎咤, 儼頭叉手, 彈指含笑, 引道而去."

104. 마성, 앞의 책, pp.78-88 참조.

105. 『증일아함경』제14권 제24 고당품 제5경(T2, pp.618c - 619a).

106. 아눗따라 삼마삼보디(anuttara sammāsambodhi)의 음사. '무상정등각자(無上正等覺者)'로 번역된다.

107. 『잡아함경』제15권 제379경(T2, pp.103c - 104a), "爾時, 世尊告五比丘: "此苦聖諦, 本所未曾聞法, 當正思惟. 時, 生眼·智·明·覺, 此苦集·此苦滅·此苦滅道跡聖諦, 本所未曾聞法, 當正思惟. 時, 生眼·智·明·覺. 復次, 苦聖諦智當復知, 本所未聞法, 當正思惟. 時, 生眼·智·明·覺, 苦集聖諦已知當斷, 本所未曾聞法, 當正思惟. 時, 生眼·智·明·覺. 復次, 苦集滅, 此苦滅聖諦已知當知作證, 本所未聞法, 當正思惟. 時, 生眼·智·明·覺, 復以此苦滅道跡聖諦已知當修, 本所未曾聞法, 當正思惟. 時, 生眼·智·明·覺. 復次, 比丘! 此苦聖諦已知, 知已出, 所未聞法, 當正思惟. 時, 生眼·智·明·覺; 復次, 此苦集聖諦已知, 已斷出, 所未聞法, 當正思惟. 時, 生眼·智·明·覺. 復次, 苦滅聖諦已知, 已作證出, 所未聞法, 當正思惟. 時, 生眼·智·明·覺; 復次, 苦滅道跡聖諦已知, 已修出, 所未曾聞法, 當正思惟. 時, 生眼·智·明·覺. 諸比丘! 我於此四聖諦三轉十二行不生眼·智·明·覺者, 我終不得於諸天·魔·梵·沙門·婆羅門聞法眾中, 為解脫·為出·為離, 亦不自證得阿耨

多羅三藐三菩提. 我已於四聖諦三轉十二行生眼·智·明·覺, 故
於諸天·魔·梵·沙門·婆羅門聞法衆中, 得出·得脫, 自證得成阿
耨多羅三藐三菩提.'"

108. 『증일아함경』제14권 제24 고당품 제5경(T2, p.619b), "五比丘當知. 此
四諦者, 三轉十二行, 如實不知者, 則不成無上正眞·等正覺. 以我
分別此四諦三轉十二行. 如實知之, 是故成無上至眞·等正覺."

109. 꼰단냐(Koṇḍañña)의 음사. 다섯 비구 중 첫 번째로 깨달음을 증득한 사
람이다.

110. 꼰단냐(Koṇḍañña)의 음사. 한 경에서 동일한 인물, 즉 꼰단냐를 교진여
(憍陳如)와 구린(拘隣) 두 가지로 음사하는 경우는 매우 드물다.

111. 선서(善逝)는 수가따(Sugata)의 번역. 여래십호(如來十號) 중의 하나. '잘
건너가신 분'이라는 뜻이다.

112. 안냐 꼰단냐(Aññā Koṇḍañña)의 음사. 아약교진여(阿若憍陳如)로 음사되
기도 하는데, '깨달은 꼰단냐'라는 뜻이다.

113. 사천왕천(四天王天, cātumahārājikā)·삼십삼천(三十三天, tāvatiṁsa)·
염마천(炎魔天, yāma)·도솔타천(兜率陀天, tusita)·화락천(化樂天,
nimmāṇarati)·타화자재천(他化自在天, paranimmitavasavattī)은 욕계(欲
界)의 육천(六天)이다.

114. 『잡아함경』제15권 제379경(T2, p.104a), "爾時, 世尊說是法時, 尊者憍
陳如及八萬諸天遠塵離垢, 得法眼淨. 爾時, 世尊告尊者憍陳如: "知
法未?" 憍陳如白佛: "已知. 世尊!" 復告尊者憍陳如: "知法未?" 拘
鄰白佛: "已知. 善逝!" 尊者拘鄰已知法故, 是故名阿若拘鄰. 尊者
阿若拘鄰知法已, 地神擧聲唱言: "諸仁者! 世尊於波羅㮈國仙人住
處鹿野苑中三轉十二行法輪, 諸沙門·婆羅門·諸天·魔·梵所未
曾轉, 多所饒益, 多所安樂, 哀愍世間, 以義饒益, 利安天人, 增益諸

天眾, 減損阿修羅眾." 地神唱已, 聞虛空神天·四天王天·三十三天·炎魔天·兜率陀天·化樂天·他化自在天展轉傳唱, 須臾之間, 聞于梵天身. 梵天乘聲唱言: "諸仁者, 世尊於波羅㮈國仙人住處鹿野苑中三轉十二行法輪, 諸沙門·婆羅門·諸天·魔·梵, 及世間聞法未所曾轉, 多所饒益, 多所安樂, 以義饒益諸天世人, 增益諸天眾, 減損阿修羅眾." 世尊於波羅㮈國仙人住處鹿野苑中轉法輪, 是故此經名轉法輪經."

제2장

담마

Dhamma, 曇磨

1
네 가지 성스러운 진리

붓다의 근본 교설은 무엇인가? 이 물음에 대해서는 학자마다 그 견해가 각기 다르다. 어떤 학자는 사성제(四聖諦)가 붓다의 근본 교설이라고 말하고, 어떤 학자는 연기법(緣起法)이 붓다의 근본 교설이라고 주장한다. 일반적으로 상좌불교에서는 사성제를 중요하게 여기지만, 대승불교에서는 연기법을 더욱 중요하게 여긴다. 그런데 『중아함경』 제7권 제10 「상적유경(象跡喩經)」에서는 사성제가 붓다의 근본 교설임을 암시하고 있다.

> 어느 때 부처님께서 사위국(舍衛國)[1] 승림급고독원(勝林給孤獨園)[2]에 계셨다.
> 그때 존자 사리자(舍梨子)[3]가 여러 비구들에게 말하였다.

"여러 현자들이여, 비록 한량없는 선법(善法)이 있더라도 그 모든 법은 다 네 가지 성스러운 진리(四聖諦)에 포섭되는 것으로서 네 가지 성스러운 진리 안으로 들어오기 때문에 네 가지 성스러운 진리를 일체법(一切法)에서 제일이라고 합니다. 왜냐하면 많은 선법을 다 포섭하고 있기 때문입니다. 여러 현자들이여, 그것은 마치 모든 짐승의 발자국 중에 코끼리의 발자국이 제일 큰 것과 같은 이치입니다. 왜냐하면 저 코끼리 발자국이 가장 넓고 크기 때문입니다. 이와 같이 저 한량없는 일체 선법도 다 네 가지 성스러운 진리에 포섭되어 네 가지 성스러운 진리 안으로 들어옵니다. 그래서 네 가지 성스러운 진리(四聖諦)를 일체법에서 제일이라고 합니다. 어떤 것이 네 가지인가? 이른바 괴로움에 대한 성스러운 진리(苦聖諦), 괴로움의 발생에 대한 성스러운 진리(苦習聖諦),[4] 괴로움의 소멸에 대한 성스러운 진리(苦滅聖諦), 괴로움의 소멸에 이르는 길에 대한 성스러운 진리(苦滅道聖諦)가 그것입니다."[5]

위 경전의 내용은 사리뿟따(Sāriputta, 舍利弗) 존자가 여러 비구들에게 사성제의 중요성을 코끼리 발자국에 비유하여 설명한 것이다. 그런데 사성제는 의학의 원리와 똑같다. 이른바 괴로움(病), 괴로움의 원인(病源), 괴로움의 소멸(治病已), 괴로움의 소멸로 이끄는 길(病對治)이다. 후라오빨르너(Erich Frauwallner)는 사성제의 원리는 고대 인도의 의학에서 차용한 것이라고 말했다.[6] 『잡아함경』 제15권 제389경 「양의경(良醫經)」에서 그 흔적을 발견할 수 있다.

어느 때 부처님께서 바라내국(波羅捺國)[7]의 선인이 살던 녹야원[8]에 계셨다.

그때 세존께서 여러 비구들에게 말씀하셨다.

"네 가지 법이 있다. 그것을 성취하면 큰 의왕(醫王)이라 부르나니 왕의 필요와 왕의 분별에 호응하는 것이니라. 무엇이 그 네 가지인가? 첫째는 병을 잘 아는 것이요, 둘째는 병의 근원을 잘 아는 것이요, 셋째는 병을 치료하는 방법을 잘 아는 것이요, 넷째는 병이 치료된 뒤에 다시 도지지 않게 하는 것을 잘 아는 것이니라. ……

여래·응공·등정각이 큰 의왕이 되어 네 가지 덕을 성취하고 중생들의 병을 고치는 것도 또한 그와 같나니, 어떤 것이 그 네 가지인가? 이른바 여래는 '이것은 괴로움에 대한 성스러운 진리이다'라고 사실 그대로 알고, '이것은 괴로움의 발생에 대한 성스러운 진리이다'라고 사실 그대로 알며, '이것은 괴로움의 소멸에 대한 성스러운 진리이다'라고 사실 그대로 알고, '이것은 괴로움의 소멸에 이르는 길에 대한 성스러운 진리이다'라고 사실 그대로 아는 것이니라.

여러 비구들이여, 저 세간의 훌륭한 의사는 태어남(生)의 근본적 치료 방법을 사실 그대로 알지 못하고, 늙음·병듦·죽음과 근심·슬픔·번민·괴로움의 근본적 치료 방법을 사실 그대로 알지 못한다. 그러나 여래·응공·등정각은 훌륭한 의왕이 되어 태어남의 근본적 치료 방법을 사실 그대로 알고, 늙음·병듦·죽음과 근심·슬픔·번민·괴로움의 근본적 치료 방법을 사실 그대로 아나니, 그러므로 여래·응공·등정각을 큰 의왕이라고 부르느니라."[9]

위의 경전에 나타난 질병을 치료하는 네 가지 방법, 즉 치병사결(治病四訣)이 중생들의 괴로움이라는 질병을 치료하는 사성제의 원리와 똑같음을 알 수 있다. 마치 붓다는 훌륭한 의사와 같이 인간의 늙음·병듦·죽음과 근심·슬픔·번민·괴로움을 근본적으로 치료한다. 그래서 붓다를 대의왕(大醫王)이라고 부른다. 또한 사성제의 원리는 이 세상에서 일어나는 모든 문제(苦)와 그 원인(集), 그리고 그 문제가 해결된 상태(滅)와 그 해결 방법(道)을 제시해 주고 있다. 그래서 이 교설을 '네 가지 성스러운 진리'라고 일컫는 것이다.

또한 사성제는 사실세계(事實世界)와 이상세계(理想世界) 전체에 걸친 양 법칙에 대한 인식이다. 붓다가 사성제를 교법의 근간으로 삼았던 까닭은 이 사성제에 의해 실로 현실과 이상이라는 두 세계에 걸쳐 항상(恒常)하는 법칙이 밝혀지기 때문이다. 즉 고(苦)·집(集)의 계열은 윤회계(輪廻界)의 인과를 명확히 했던 것이고, 멸(滅)·도(道)의 계열은 해탈계(解脫界)의 인과를 명확히 했던 것이다. 따라서 이 두 세계의 결합은 드디어 존재(存在)와 당위(當爲) 전체를 모두 포섭하는 범주(範疇)인 것이다.

이런 의미에서 보면 사성제는 항상(恒常)의 법칙에 관한 그대로의 인식이다. 요컨대 불교의 문제는 저절로 두 부분으로 나누어진다. 하나는 있는 그대로의 사실세계에 관한 것으로서 고·집의 문제이고, 다른 하나는 있지 않으면 안 될 이상세계에 관한 것으로서 멸·도의 문제이다.

괴로움과 그것이 일어나는 원인

현실세계의 괴로움에 대한 성스러운 진리(苦聖諦)와 괴로움의 발생에 대한 성스러운 진리(苦集聖諦)에 대해 경전에서는 이렇게 설명하고 있다.

> 어떤 것을 괴로움에 대한 진리라고 하는가? 이른바 태어나는 괴로움(生苦)·늙는 괴로움(老苦)·병드는 괴로움(病苦)·죽는 괴로움(死苦)과 근심·슬픔·번민의 괴로움(憂悲惱苦)·시름하고 근심하는 고통(愁憂苦痛) 등 이루 다 헤아릴 수 없이 많으며, 원수나 미운 사람과 만나는 괴로움(怨憎會苦)·사랑하는 이와 이별하는 괴로움(恩愛別苦)이며, 구하는 것을 얻지 못하는 것도 또한 괴로움이다. 긴요한 것만을 취하여 말하면 오성음고(五盛陰苦)라고 한다. 이것을 일러 괴로움에 대한 진리라고 하느니라.
>
> 어떤 것을 괴로움의 발생에 대한 진리라고 하는가? 이른바 느끼고 애착하는 부분들을 모으고 쌓기를 게을리하지 않고 자꾸 모으며 뜻으로 항상 탐하고 집착하는 것이니, 이것을 일러 괴로움의 발생에 대한 진리라고 하느니라.[10]

이 경에서 언급한 태어나는 괴로움(生苦)·늙는 괴로움(老苦)·병드는 괴로움(病苦)·죽는 괴로움(死苦)을 네 가지 괴로움(四苦)이라고 부른다. 여기에 다시 미워하는 이를 만나는 괴로움(怨憎會苦)·사랑하는 이와 헤어지는 괴로움(愛別離苦)·구하는 것을 얻지 못하는 괴로움(求不得苦)·인간의 존재인 다섯 가지 구성 요소의 괴로움(五陰盛苦)을 더하여 여덟 가지 괴로움(八苦)이라고 부른다. 한마디로 '모든 것은 괴로움이다(一切皆苦)'라는 말로 표현된다. 불교에서는 이 근본적인 인간 존재의 괴로움을 문제로 삼는다.

그러면 이러한 괴로움의 원인은 무엇인가? 그것은 욕애(欲愛)[11]·유애(有愛)[12]·무유애(無有愛)[13]와 같은 갈애(渴愛) 때문이다. 이러한 갈애를 끊어 버리지 않으면 괴로움에서 벗어날 수 없다는 것이다.

괴로움의 소멸과 소멸에 이르는 길

이상세계인 괴로움의 소멸에 대한 성스러운 진리(苦滅聖諦)와 괴로움의 소멸로 이끄는 길에 대한 성스러운 진리(苦滅道聖諦)

에 대해 경전에서는 다음과 같이 설명하고 있다.

> 어떤 것을 괴로움의 소멸에 대한 진리라고 하는가? 이른바 애욕을 남김없이 모두 없애 다시는 생겨나지 않게 하는 것이니, 이것을 일러 괴로움의 소멸에 대한 진리라고 하느니라.
> 어떤 것을 괴로움에서 벗어나는 방법에 대한 진리라고 하는가? 이른바 성현(聖賢)의 팔성도(八聖道)인, 바른 소견(等見)·바른 다스림(等治)·바른 말(等語)·바른 업(等業)·바른 생활(等命)·바른 방편(等方便)·바른 생각(等念)·바른 선정(等定)이니라. 이것을 네 가지 진리의 법이라고 하느니라.[14]

위의 경전에서 말한 괴로움의 소멸에 대한 진리(苦盡諦)는 고멸성제(苦滅聖諦)의 다른 번역이다. 이른바 갈애(渴愛)를 완전히 떠나 미련 없이 버리고, 방기(放棄)하고, 해탈하여 집착이 없어진 경지, 곧 열반(涅槃)을 의미한다.

그리고 괴로움에서 벗어나는 방법에 대한 진리(苦出要諦)는 고멸도성제(苦滅道聖諦)의 다른 번역이다. 이 경전에서는 팔정도를 바른 소견(等見)·바른 다스림(等治)·바른 말(等語)·바른 업(等業)·바른 생활(等命)·바른 방편(等方便)·바른 생각(等

念)·바른 선정(等定)이라고 번역했다. 그러나 일반적으로 정견(正見, 올바른 견해)·정사유(正思惟, 올바른 생각)·정어(正語, 올바른 말)·정업(正業, 올바른 행위)·정명(正命, 올바른 생활)·정정진(正精進, 올바른 노력)·정념(正念, 올바른 통찰)·정정(正定, 올바른 선정)으로 더 널리 알려져 있다.

이와 같이 사성제는 이론을 위한 교설이 아니라 실천을 위한 가르침이다. 『잡아함경』 제15권 제382경 「당지경(當知經)」에는 다음과 같이 설해져 있다.

> 비구들이여, 괴로움에 대한 성스러운 진리를 마땅히 알고 이해해야 한다. 괴로움의 원인에 대한 성스러운 진리를 마땅히 알고 끊어야 한다. 괴로움의 소멸에 대한 성스러운 진리를 마땅히 알고 증득해야 한다. 괴로움의 소멸에 이르는 길에 대한 성스러운 진리를 마땅히 알고 닦아야 하느니라.[15]

왜냐하면 "이런 비구는 곧 애욕을 끊고 모든 결박을 풀어 버리며, 거만과 무명 등에서 마지막 괴로움까지 다 벗어날 것이기 때문이다."[16] 또한 "그러한 비구를 아라한이라고 부른다. 그는 모든 번뇌가 이미 다하고, 할 일을 이미 마쳤으며, 모든 무거운 짐을 버리고, 자기의 이익을 얻었으며, 모든 존재의 결박을 없애고 바른 지혜로 잘 해탈하였다"[17]라고 말한다.

한편 사성제는 단번에 성취되는 것이 아니라 단계별로 성취되는 것이다. 『잡아함경』 제16권 제435경 「수달경(須達經)」에 그와 같은 내용이 설해져 있다.

어느 때 부처님께서 사위국(舍衛國) 기수급고독원(祇樹給孤獨園)[18]에 계셨다.
그때 수달(須達)[19] 장자가 부처님 계신 곳에 나아가 부처님의 발에 머리를 조아려 예를 올리고 한쪽에 앉아 부처님께 아뢰었다.
"세존이시여, 이 네 가지 성스러운 진리는 점차로 빈틈없고 한결같게 됩니까, 단번에 빈틈없고 한결같게 됩니까?"
부처님께서 장자에게 말씀하셨다.
"이 네 가지 성스러운 진리는 점차로 빈틈없고 한결같게 되는 것이지 단번에 빈틈없고 한결같이 되는 것은 아니니라."
부처님께서 장자에게 말씀하셨다.
"만일 어떤 사람이 '괴로움에 대한 성스러운 진리에 대해서는 아직 빈틈없고 한결같지 못하지만, 저 괴로움의 발생에 대한 성스러운 진리, 괴로움의 소멸에 대한 성스러운 진리, 괴로움의 소멸에 이르는 길에 대한 성스러운 진리에 대해서는 빈틈없고 한결같다'고 말한다면 그 말은 옳지 않느니라. 왜냐하면, 만일 괴로움에 대한 성스러운 진리에 대하여 빈틈없고 한결같지 못하면서 괴로움의 원인에 대한 성스러운 진리, 괴로움의 소멸에 대한 성스러운 진리, 괴로움의 소멸에 이르는 길에 대한 성스러운 진리에 대해 빈틈없고 한결같고자 한다면 그건 있을 수 없는 일이기 때문이니라.[20]

마치 네 개의 계단을 거쳐 전당에 오르는 것과 같으니라. 만일 어떤 사람이 '첫 번째 계단을 오르지 않고도 두 번째 · 세 번째 · 네 번째 계단을 거쳐 전당에 오른다'고 말한다면, 그건 있을 수 없는 일이니라. 왜냐하면, 반드시 첫 번째 계단을 거쳐야만 그 뒤에 두 번째 · 세 번째 · 네 번째 계단을 차례로 거쳐 전당에 오를 수 있기 때문이니라."[21]

위 경전에 의하면, 네 개의 계단을 거쳐 전당에 오르는 것과 같이 사성제의 가르침도 단번에 완성되는 것이 아니라 단계별로 완성된다는 것이다. 이 점을 간과해서는 안 될 것이다.

2
붓다가 발견한 진리

붓다가 발견한 진리를 '법(法)'이라고 한다. 초기경전의 여러 곳에서 '붓다는 법을 깨달았다' 또는 '바른 법(正法)을 성취했다'고 표현하고 있다. 붓다가 발견한 진리란 곧 연기법(緣起法)을 말한다. 연기법은 불교의 근본 사상이다. 불교의 세계관·인생관은 모두 이 연기법에 토대를 두고 있다. 붓다는 보리수 아래에서 연기의 원리를 관찰함으로써 비로소 '깨달은 자', 즉 각자(覺者)가 되었다고 한다.

연기법은 붓다가 세상에 태어나거나 태어나지 않거나 항상 머물러 있는 진리이다. 또한 연기법은 붓다가 만든 것도 다른 사람이 만든 것도 아니다. 붓다는 오직 이 연기법을 최초로 발견하여 세상 사람들에게 드러내어 보여 주었을 뿐이다.

혹은 부처님이 세상에 출현하거나 혹은 세상에 출현하지 않거나 이 법은 항상 머물러, 법의 머무름이요, 법의 세계로서 저 여래는 스스로 깨닫고 알아 등정각(等正覺)을 이루어 사람들을 위해 연설하시어, 열어 보이시고 나타내어 드날리시는 것이다.[22]

그런데 어떤 비구가 붓다에게 "연기법은 세존께서 만든 것입니까, 다른 사람이 만든 것입니까?"라고 물었다. 그러자 붓다는 그 비구에게 다음과 같이 말했다.

연기법은 내가 만든 것도 아니요, 또한 다른 사람이 만든 것도 아니다. 그러므로 그것은 여래가 세상에 출현하거나 세상에 출현하지 않거나 법계에 항상 머물러 있다. 저 여래는 이 법을 스스로 깨닫고 등정각을 이룬 뒤에, 모든 중생들을 위해 분별해 연설하고 드러내어 보인다.[23]

연기법은 붓다가 세상에 출현하거나 출현하지 않거나 법계(法界)에 항상 머물러 있다는 것이다. 그래서 이 객관적인 진리를 '법(dhamma)'이라고 부르는 것이다. 『중아함경』 제7권 제30

「상적유경(象跡喩經)」에서 "연기(緣起)를 보는 자는 법(法)을 보고, 법(法)을 보는 자는 연기(緣起)를 본다"[24]라고 했다. 또 다른 경전에서는 "연기를 보는 자는 법을 보고 법을 보는 자는 나(붓다)를 본다"[25]라고 했다. 이처럼 진리로서의 연기법을 바르게 이해하면 곧 불교를 정확히 이해할 수 있게 되는 것이다.

이 세상에 존재하는 모든 현상은 변화한다. 제멋대로 변화하는 것이 아니라 어떤 법칙에 따라 변화한다. 그러한 변화의 법칙을 '연기법'이라고 한다. 연기(緣起, paṭiccasamuppāda)란 '말미암아 일어남' 혹은 '조건에 의한 발생'이라는 의미이다. 다른 말로 표현하면, 모든 존재는 그것을 성립시키는 여러 가지 '원인이나 조건 때문에 생기는 것'이고, '원인이나 조건으로 말미암아 형성되는 것'이라는 뜻이다. 『잡아함경』 제10권 제262경 「천타경(闡陀經)」에서 연기를 이렇게 설명하고 있다.

가전연(迦旃延)[26]이여, 여래는 두 극단을 떠나 중도(中道)를 말씀하셨다. 말하자면 이것이 있기 때문에 저것이 있고, 이것이 생기기 때문에 저것이 생기느니라. 이른바 무명(無明)을 인연하여 행(行)이 있고 …… 태어남·늙음·병듦·죽음·근심·슬픔·번민·괴로움이 발생하는 것이다. 또 말하면 이것이 없기 때문에 저것이 없고, 이것이 소멸하기 때문에 저것이 소멸하느니라. 이른바 무명이 소멸하면 행이 소멸하고 …… 나아가 태어남·늙음·병듦·죽음·근심·슬픔·번민·괴로움이 소멸하느니라.[27]

일반적으로 알려져 있는 '연기의 원리' 혹은 '연기의 공식'은 다음과 같다.

이것이 있기 때문에 저것이 있고,
이것이 생기기 때문에 저것이 생긴다.
이것이 없기 때문에 저것이 없고,
이것이 소멸하기 때문에 저것이 소멸한다.[28]

이러한 연기법을 갈대 묶음에 비유하여 설명하기도 한다.

존자 마하구치라(摩訶拘絺羅)[29]가 대답했다.
"지금 비유를 들어 말하겠습니다. 지혜로운 사람은 비유를 들어 말하면 잘 이해하게 됩니다. 비유하면 세 개의 갈대를 빈 땅에 세울 때 서로서로 의지하여야 서는 것과 같은 이치입니다. 만일 그 하나를 빼 버리면 둘도 서지 못하고, 만일 둘을 다 빼 버리면 하나도 또한 서지 못하게 되니, 서로서로 의지하여야 서게 되는 것입니다. 식(識)이 명색(名色)을 인연하는 것도 또한 이와 같아서 서로서로 의지해야 나서 자라게 되는 것입니다."[30]

이와 같이 연기법은 상의성(相依性)의 법칙임을 알 수 있다. 마치 갈대 세 개가 서로 의지해야 하는 것과 같다. 그런데 이 경과 대응하는 니까야에서는 갈대 두 개의 묶음이 서로 의지해야 하는 것으로 비유하고 있다.[31]

3
십이연기

초기경전에는 연기의 항목이 2개, 3개, 4개, 5개, 10개, 11개, 12개 등 여러 가지 형태로 나타나고 있다. 그 가운데 가장 완성된 형태는 12개의 항목으로 이루어진 것이다. 이것을 '십이연기(十二緣起)' 혹은 '십이지연기(十二支緣起)'라고 부른다. 간혹 '십이인연(十二因緣)'이라고 부르기도 한다. 그러면 십이연기란 무엇인가?

세존께서는 말씀하셨다.

"인연법이란 무엇인가? 이른바 무명(無明)을 인연하여 행(行)이 있고, 행을 인연하여 식(識)이 있으며, 식을 인연하여 명색(名色)이 있고, 명색을 인연하여 육입(六入)이 있으며, 육입을 인연하여 접촉(更樂)이 있고, 접촉을 인연하여 느낌(痛)이 있으며, 느낌을 인연하여 애욕(愛)이 있고, 애욕을 인연하여 집착(受)이 있으며, 집착을 인연하여 존재(有)가 있고, 존재를 인연하여 태어남(生)이 있으며, 태어남을 인연하여 죽음(死)이 있고, 죽음을 인연하여 근심(憂)·슬픔(悲)·괴로움(苦)·번민(惱)이 이루 말할 수 없다. 이리하여 오음(五陰)의 몸이 이루어지느니라."[32]

위 경전에서 나열한 바와 같이, 십이연기는 무명(無明), 행(行), 식(識), 명색(名色), 육입(六入), 촉(觸), 수(受), 애(愛), 취(取), 유(有), 생(生), 노사(老死)이다. 이러한 십이연기 각지(各支)의 내용은 어떤 것인가? 경전에서는 이렇게 설명하고 있다.

무명(無明)이란 무엇인가? 이른바 괴로움을 모르고 괴로움의 발생과 괴로움의 소멸과 괴로움의 소멸에 이르는 길을 모르는 것이니, 이것을 무명이라 한다.

행(行)이란 무엇인가? 이른바 행에는 세 가지가 있다. 어떤 것이 셋인가? 이른바 몸의 행·입의 행·뜻의 행이니, 이것을 행이라 하느니라.

식(識)이란 무엇인가? 이른바 육식(六識)이니, 여섯이란 이른바 안식(眼識) · 이식(耳識) · 비식(鼻識) · 설식(舌識) · 신식(身識) · 의식(意識)이다. 이것을 식이라 한다.

명(名)이란 무엇인가? 이른바 느낌(痛) · 생각(想) · 기억(念) · 접촉(更樂) · 사유(思惟)이니, 이것을 명이라 한다. 색(色)이란 무엇인가? 이른바 사대(四大)와 사대로 이루어진 몸이니 이것을 색이라 하며, 명과 색이 각각 다르므로 명색(名色)이라 하느니라.

육입(六入)이란 무엇인가? 안의 육입이니, 여섯이란 무엇인가? 이른바 안입(眼入) · 이입(耳入) · 비입(鼻入) · 설입(舌入) · 신입(身入) · 의입(意入)이니, 이것을 육입이라 한다.

접촉(更樂)이란 무엇인가? 이른바 여섯 가지 접촉(六更樂身)이다. 여섯 접촉이란 즉 눈(眼) · 귀(耳) · 코(鼻) · 혀(舌) · 몸(身) · 뜻(意)의 접촉이니, 이것을 접촉이라 하느니라.

느낌(痛)이란 무엇인가? 이른바 세 가지 느낌이다. 어떤 것이 셋인가? 즉 즐거운 느낌 · 괴로운 느낌 · 괴롭지도 않고 즐겁지도 않은 느낌이니, 이것을 느낌이라 한다.

애욕(愛)이란 무엇인가? 이른바 세 가지 욕망(三愛身)으로서 욕계의 욕망(欲愛) · 색계의 욕망(有愛) · 무색계의 욕망(無有愛)이니, 이것을 애욕이라 한다.

집착(受)이란 무엇인가? 이른바 네 가지 집착이 그것이다. 어떤 것이 넷인가? 즉 애욕의 집착·소견에 대한 집착·계율에 대한 집착·나라는 집착이다. 이것을 네 가지 집착이라 한다.

존재(有)란 무엇인가? 이른바 삼유(三有)이다. 어떤 것이 셋인가? 욕유(欲有)·색유(色有)·무색유(無色有)이니, 이것을 존재라 한다.

태어남(生)이란 무엇인가? 이른바 태어남이란 어느 집에 태어나 갖가지 존재를 받아 오음(五陰)을 얻고 여러 감각 기관을 받는 것이니, 이것을 태어남이라 하느니라.

늙음(老)이란 무엇인가? 이른바 이런저런 중생들이 그 몸에서 이가 빠지고 머리털이 세며, 기력이 쇠하고 감각 기관이 문드러지며, 수명이 날로 줄어들어 본래의 정신이 없어지는 것이니, 이것을 늙음이라 한다.

죽음(死)이란 무엇인가? 이른바 이런저런 중생들이 받은 몸의 온기가 없어지고 무상하게 변하여 가까이했던 다섯 가지가 제각기 흩어지며, 오음(五陰)의 몸을 버리고 목숨이 끊어지는 것이니, 이것을 죽음이라 한다. 비구들이여, 알라. 그러므로 늙음·병듦·죽음이라 하느니라.[33]

이와 같이 십이연기는 우리 인생의 괴로움이 어떻게 생겨나고, 또 어떻게 사라지는가를 밝히는 것이다. 십이연기를 관찰하는 방법에는 순관(順觀)과 역관(逆觀)이 있다. 순관은 괴로움의 발생 과정을 밝힌 것이고, 역관은 괴로움의 소멸 과정을 밝힌 것이다.

괴로움의 발생 과정

괴로움의 발생 과정에 대해 『잡아함경』 제22권 제590경 「상인경(商人經)」에서는 다음과 같이 설명하고 있다.

> 이른바 이 일이 있기 때문에 이 일이 있는 것이고, 이 일이 일어나기 때문에 이 일이 일어나는 것이니, 즉 무명(無明)으로 말미암아 행(行)이 있고, 행으로 말미암아 식(識)이 있고, 식으로 말미암아 명색(名色)이 있고, 명색으로 말미암아 육입처(六入處)가 있고, 육입처로 말미암아 접촉(觸)이 있고, 접촉으로 말미암아 느낌(受)이 있고, 느낌으로 말미암아 애욕(愛)이 있고, 애욕으로 말미암아 취함(取)이 있고, 취함으로 말미암아 존재(有)가 있고, 존재로 말미암아 태어남(生)이 있고, 태어남으로 말미암아

늙음(老) · 죽음(死) · 걱정(憂) · 슬픔(悲) · 번민(惱) · 괴로움(苦)이 있으니, 이리하여 순수한 큰 고통의 무더기가 발생하는(集) 것이다.³⁴

이와 같이 괴로움의 발생 과정을 열두 갈래로 관찰하는 것을 순관(順觀)이라고 한다.

괴로움의 소멸 과정

괴로움의 소멸 과정에 대해 『잡아함경』 제22권 제590경 「상인경(商人經)」에서는 다음과 같이 설명하고 있다.

이와 같아서 무명이 멸하면 행이 멸하고, 행이 멸하면 식이 멸하며, 식이 멸하면 명색이 멸하고, 명색이 멸하면 육입처(六入處)가 멸하며, 육입처가 멸하면 접촉이 멸하고, 접촉이 멸하면 느낌이 멸하며, 느낌이 멸하면 애욕이 멸하고, 애욕이 멸하면 취함이 멸하며, 취함이 멸하면 존재가 멸하고, 존재가 멸하면 태어남이 멸하며, 태어남이 멸하면 늙음 · 죽음 · 걱정 · 슬

픔·번민·괴로움이 멸한다. 이리하여 순수한 큰 고통의 무더기가 소멸하는(滅) 것이다.[35]

이와 같이 괴로움의 소멸 과정을 열두 갈래로 관찰하는 것을 역관(逆觀)이라고 한다. 『장아함경』 제1권 제1 「대본경(大本經)」에 의하면, 과거 비바시불(毘婆尸佛)이 깨달음을 이루기 전인 보살이었을 때, 십이연기의 순관과 역관을 통해 지(智)가 생기고 안목이 생기고 깨달음이 생기고 밝음이 생기고 통(通)이 생기고 혜(慧)가 생기고 증(證)이 생겼다. 그리하여 궁극에는 아뇩다라삼먁삼보리(阿耨多羅三藐三菩提)를 증득하게 되었다고 한다.[36] 비바시불이 십이연기를 관찰했다는 내용이 『잡아함경』 제15권 제369경 「십이인연경(十二因緣經)」에도 설해져 있다.

그때 세존께서 비구들에게 말씀하셨다. "옛날 비바시(毘婆尸) 부처님께서는 미처 정각을 이루시지 못하셨을 때 보리수가 있는 곳에서 머무셨고, 오래지 않아 부처님이 되셨다. 그분께선 보리수 아래로 나아가 풀을 깔아 자리를 만드시고 결가부좌로 앉으셨다. 단정히 앉아 바른 통찰(正念)로 이레 동안 십이연기에 대하여 역(逆)으로 순(順)으로 관찰하셨다. 이른바 '이것이 있기 때문에 저것이 있고, 이것이 일어나기 때문에 저것이 일어난다. 즉 무명을 인연하여 행이 있고 …… 태어남을 인연하여 늙음과 죽음이 있으며, 또 순전한 괴로움뿐인 큰 무더기가 발생한다. …… 순전한 괴로움뿐인 큰 무더기가 소멸한다'고 관찰하셨다."[37]

이와 같이 십이연기는 괴로움의 발생 과정과 괴로움의 소멸 과정의 원리를 설명한 것이다. 그런데 후대의 아비달마불교에서는 십이연기를 삼세양중(三世兩重)의 인과(因果)로 해석했다. 이러한 해석에 대해 미즈노 고겐(水野弘元)은 "이것은 초기불교의 연기설을 왜곡한 것이고, 잘못 이해한 것이라고 할 수 있다"[38]라고 비판했다.

4
존재의 세 가지 특성

불교의 특징을 나타내는 가장 대표적인 교설은 삼특상(三特相, ti-lakkhaṇa)이다. 이것을 대승불교에서는 '삼법인(三法印, tri-dharmamudrā)'이라고 부른다. 상좌불교에서는 이 교설을 '존재의 세 가지 특성'으로 받아들이지만, 대승불교에서는 '진리의 도장', 즉 '법인(法印)'으로 인식하고 있다.

특히 대승불교에서는 삼법인을 '불법의 징표' 혹은 어떤 사상이나 주장에 관해서 옳고 그름을 판단하는 근거로 삼고 있다. 마치 길이를 재는 자(尺)나 무게를 재는 저울(秤)과 같이 어떤 것이 진본임을 인증하는 직인과 같은 것으로 여긴다. 실제로 이 법인이 불설과 비불설 혹은 경전의 진위(眞僞)를 판단하는 기준으로 사용되었다. 그 대표적인 예문이 『구사론기(俱舍論記)』제1

권에 나온다. 즉 "만약 이 법인에 따르면 곧 불경(佛經)이고, 이 법인에 위배되면 곧 불설(佛說)이 아니다"[39]라는 대목이다.

이처럼 불교의 특징을 나타내는 가장 대표적인 교설이 상좌불교와 대승불교에서 각기 다르게 해석되고 있다. 상좌불교에서 널리 사용되고 있는 삼특상의 정형구는 제행무상(諸行無常, Sabbe saṅkhārā aniccā), 일체행고(一切行苦, Sabbe saṅkhārā dukkhā), 제법무아(諸法無我, Sabbe dhammā anattā)이다.[40] 줄여서 무상(無常, anicca)·고(苦, dukkha)·무아(無我, anattā)라고 한다. 하지만 대승불교에서는 일반적으로 일체행고 혹은 일체개고(一切皆苦) 대신 열반적정(涅槃寂靜, Śāntaṁ nirvāṇaṁ)을 삽입하여 삼법인이라고 부른다. 여기에 다시 일체개고를 포함시켜 사법인(四法印)이라고 부르기도 한다.

그러나 이 교설은 '존재의 세 가지 특성(Three Characteristics of Existence)',[41] '일반적인 특성(General Characteristics)',[42] '세 가지 보편적인 특성(Three Universal Characteristics)'으로 이해하는 것이 본래의 의미에 가깝다. 왜냐하면 붓다는 언제나 무상·고·무아를 강조했기 때문이다.

초기경전에는 여러 가지 유형의 삼특상이 나타나고 있다. 삼특상은 크게 삼상설(三相說)과 사상설(四相說)의 둘로 구분된다.

삼상설은 다시 무상·고·무아의 삼상설과 무상·무아·열반의 삼상설 둘로 구분되고, 사상설은 다시 무상·고·무아·공의 사상설과 무상·고·무아·열반의 사상설 둘로 나뉜다.

무상·고·무아

이 유형은 초기경전에서 가장 흔히 볼 수 있는 것이다. 『법구경』에 나오는 다음의 게송은 그 대표적인 예라고 할 수 있다.

'모든 조건 지어진 현상(諸行)은 무상(無常)하다'라고, 내적 관찰의 지혜로써 이렇게 보는 사람은 둑카(dukkha, 苦)에 싫어함을 갖나니, 이것이 청정(清淨)에 이르는 길이다.

'모든 조건 지어진 현상(諸行)은 괴로움이다'라고, 내적 관찰의 지혜로써 이렇게 보는 사람은 둑카에 싫어함을 갖나니, 이것이 청정에 이르는 길이다.

'모든 상태(諸法)는 자아가 없다'라고, 내적 관찰의 지혜로써 이렇게 보는 사람은 둑카에 싫어함을 갖나니, 이것이 청정에 이르는 길이다.[43]

위 『법구경』의 삼상문(三相文)에 해당하는 대표적인 예문은 『잡아함경』 제1권 제9경 「염리경(厭離經)」이다.

> 색(色)은 항상 됨이 없다. 항상 됨이 없는 것은 곧 괴로움이요, 괴로움은 곧 '나'가 아니며, '나'가 아니면 또한 '내 것'도 아니다. 이렇게 관찰하는 것을 진실한 바른 관찰이라 하느니라. 이와 같이 수(受)·상(想)·행(行)·식(識)도 또한 항상 됨이 없다. 항상 됨이 없는 것은 곧 괴로움이요, 괴로움은 곧 '나'가 아니며, '나'가 아니면 또한 '내 것'도 아니다. 이렇게 관찰하는 것을 진실한 바른 관찰이라 하느니라.[44]

위 문장은 곧 제행무상(諸行無常), 일체개고(一切皆苦), 제법무아(諸法無我)의 삼특상을 말한 것이다.

무상·무아·열반

이 유형은 아주 특별한 경우에 해당된다. 『잡아함경』 제10권 제262경 「천타경(闡陀經)」에 나온다. 그런데 이 경은 붓다가 직접 설한 것이 아니다. 붓다가 반열반(般涅槃)한 지 오래지 않았을 때, 바라나시의 선인들이 살던 녹야원에서 찬나(Channa, 闡陀)[45]라는 비구가 여러 비구들에게 가르침을 청했다. 그때 비구들이 찬나에게 다음과 같이 일러주었다.

색은 덧없고, 수(受)·상(想)·행(行)·식(識)도 덧없다. 일체행(一切行)은 덧없고, 일체법(一切法)은 무아(無我)이며, 열반(涅槃)은 적멸(寂滅)이다.[46]

위 내용은 삼특상(三特相)을 말한 것이라기보다는 일반적인 명제, 즉 '오온(五蘊)은 무상하다. 일체행은 무상하다. 일체법은 무아이다. 열반은 적멸이다'라는 것을 찬나에게 일러준 것으로 보인다. 그러자 찬나는 '나도 그러한 것을 안다'고 말했다. 그런데 이 경과 대응하는 『상윳따 니까야』에는 '열반적멸'이라는 대목이 없다.

벗! 찬나여, 색(色)은 무상하다, 수(受)는 무상하다, 상(想)은 무상하다, 행(行)은 무상하다, 식(識)은 무상하다. 색은 무아(無我)이다, 수는 무아이다, 상은 무아이다, 행은 무아이다, 식은 무

아이다. 제행(諸行)은 무상이고, 제법(諸法)은 무아이다.⁴⁷

이와 같이 니까야에는 '열반'에 관한 언급이 없다. 한역에 나오는 '열반적멸(涅槃寂滅)'은 설일체유부가 전승한 범본에 삽입되었거나, 아니면 『잡아함경』의 한역 과정에서 삽입된 것으로 추정된다.

무상·고·무아·공

이 유형은 한역 아함경에서 가장 많이 나타난다. 그러나 항목의 순서는 약간 다르게 나타나기도 한다. 『잡아함경』 제5권 제110경 「살차경(薩遮經)」에 다음과 같이 설해져 있다.

> 나는 실로 모든 제자들을 가르쳐 내 법의 가르침을 따르게 하고, '색에는 나가 없고, 수·상·행·식에도 나는 없다'고 관찰하게 하며, '이 오수음(五受陰)⁴⁸은 병(病)과 같고, 종기와 같으며, 가시와 같고, 살기와 같으며 무상하고 괴로우며 공이요 나가 아니다'라고 관찰하도록 항상 가르칩니다.⁴⁹

위 내용은 삿짜까 니간타뿟따(Saccaka Niganṭhāputta, 薩遮尼健子)가 붓다에게 "어떤 교리와 어떤 계율로 제자들을 훈계하는가?"라는 질문에 답변한 것이다. 이 경과 대응하는 『맛지마 니까야』의 제35 쫄라삿짜까 숫따(Cūḷasaccaka-sutta)에는 다음과 같이 설해져 있다.

악기베싸나(Aggivessana)[50]여, 나는 이와 같이 제자들을 가르칩니다. 그리고 이와 같이 일반적으로 나의 가르침이 제자들에게 전해집니다. '비구들이여, 색(色)은 무상하다. 수(受)는 무상하다. 상(想)은 무상하다. 행(行)은 무상하다. 식(識)은 무상하다. 비구들이여, 색은 무아(無我)이다. 수는 무아이다. 상은 무아이다. 행은 무아이다. 식은 무아이다. 비구들이여, 제행(諸行)은 무상하고, 제법(諸法)은 무아이다.' 악기베싸나여, 나는 이와 같이 제자들을 가르칩니다. 그리고 이와 같이 일반적으로 나의 가르침이 제자들에게 전해집니다.[51]

위에서 인용한 니까야에는 공(空)에 관한 언급이 없다. 그러나 이 니까야와 대응하는 『증일아함경』 제30권 제10경에는 공(空)에 관한 언급이 나온다.

부처님께서 니건자에게 말씀하셨다.

"나는 이렇게 주장한다. 색(色)은 무상한 것이다. 무상한 것은 곧 괴로운 것이요, 괴로운 것은 나가 없으며, 나가 없는 것은 곧 공한 것이다. 공하다면 그것은 내 소유가 아니요, 나도 그것의 소유가 아니다. 통(痛)[52] · 상(想) · 행(行) · 식(識)도 그러하니, 이 오성음(五盛陰)[53]은 다 무상한 것이다. 무상한 것은 곧 괴로운 것이요, 괴로운 것은 나가 없으며, 나가 없는 것은 곧 공한 것이다. 공하다면 그것은 내 소유가 아니요, 나도 그것의 소유가 아니다. 내 가르침은 이런 이치이니라."[54]

이와 같이 니까야에는 '공(空)'에 관한 언급이 없다. 그런데 한역 『증일아함경』에는 '공(空)'이 삽입되었다. 『증일아함경』 제35권 제4경의 내용도 동일하다.

색(色)은 덧없는 것이다. 덧없으면 괴로움이요 괴로움이면 '나'가 없으며 '나'가 없으면 공(空)이다. 그러므로 색은 공이요 '나'가 없으면 그것은 곧 공이다. 이것은 지혜로운 이가 보는 것이다. 통(痛 =受) · 상(想) · 행(行) · 식(識)도 또한 덧없고 괴로우며 공이요 '나'가 없다. 그것이 진실로 공이면 그것은 '나'가 없고 공이다. 이것은 지혜로운 이가 공부하는 것이다. 이 오온(五蘊)은 다 공하고 고요하다. 그것은 인연으로 모인 것으로서 모두 '없어진' 것으로 돌아가 오래 머무르지 못한다. 그리고 여덟 가지 도(道)와 일곱 가지의 법이 있다.[55]

위 인용문에는 무상(無常) · 고(苦) · 공(空) · 무아(無我)의 형태로 나타난다. 한편 무상(無常) · 고(苦) · 공(空) · 비아(非我)의 형태로 나타나는 경문(經文)은 너무나 많다. 그 대표적인 예문이 『잡아함경』 제1권 제1경 「무상경(無常經)」에 나오는 다음의 대목이다.

이와 같이 비구들이여, 마음이 해탈한 사람은 만일 스스로 증득하고자 하면 곧 스스로 증득할 수 있으니, 이른바 '나의 생은 이미 다하고 범행은 이미 섰으며, 할 일은 이미 마쳐 후세의 몸을 받지 않는다'라고 스스로 아느니라. '무상하다(無常)'고 관찰한 것과 같이, '그것들은 괴로움(苦)이요, 공하며(空), 나가 아니다(非我)'라고 관찰하는 것도 또한 그와 같으니라.[56]

그러나 이 경과 대응하는 『상윳따 니까야』[57]에는 '공(空) · 비아(非我)'라는 대목은 없다. 오직 무상·고·무아로 되어 있다. 니까야의 무아(anattā)를 한역『잡아함경』에서는 의도적으로 '공(空)·비아(非我)'로 번역한 것으로 보인다.

무상·고·무아·열반

이 유형은『증일아함경』제18권 제8경에 나타난다. 이른바 사법본말설(四法本末說)이다.

> 나는 지금 네 가지 법의 본말(本末)을 스스로 알았고, 사부대중과 천상·인간 세계에서 증득하였다. 어떤 것이 그 네 가지인가? 첫째로 일체 모든 법은 다 무상(無常)한 것임을 나는 이제 알았다. 그래서 사부대중들과 천상·인간 세계에서 증득하였다. 둘째로 일체 모든 행(行)은 괴롭다는 것, 셋째로 일체 모든 행에는 '나'라고 할 만한 것이 없다는 것, 넷째로 열반은 휴식이라는 것을 나는 이제 모두 알았고 사부대중들과 천상·인간 세계에서 증득하였다.[58]

위 경전에 의하면, 네 가지 법의 근본(四法本)이란 무상·고·무아·열반을 말한다. 그런데 이 경과 대응하는 『앙굿따라 니까야』의 내용은 약간 다르며, 열반에 관한 언급이 없다.

유행승들이여, 여기 바라문은 '모든 생명을 죽여서는 안 된다'라고 말한다. …… '모든 감각적 욕망은 무상하고 괴롭고 변하기 마련인 법이다'라고 말한다. …… '모든 존재는 무상하고 괴롭고 변하기 마련인 법이다'라고 말한다. …… '나는 어디에도 누구에게도 결코 속하지 않는다. 어느 곳에서든 누구에게 있어서든 내 것은 결코 없다'라고 말한다. 이렇게 말하는 바라문은 진리를 말한 것이지 거짓을 말한 것이 아니다.[59]

위 『앙굿따라 니까야』와 비슷한 내용의 경전인 『잡아함경』 제35권 제972경 「삼제경(三諦經)」에도 '열반'에 관한 언급은 없다.[60] 위에 인용한 『앙굿따라 니까야』와 『잡아함경』 제35권 제972경의 내용은 '존재의 세 가지 특성'을 말한 것이 아니다. 붓다가 바라문들에게 세 가지 진리가 무엇인가를 일러준 것이다. 그런데 『증일아함경』 제23권 제4경에는 '사법본(四法本)'과 비슷한 내용이 실려 있다.

그러므로 비구들이여, 죽음을 면하고자 하거든 마땅히 네 가지 법의 근본을 생각하라. 어떤 것이 네 가지인가. '일체의 행은 덧없다.' 이것이 첫째의 법의 근본이니 잘 생각해 수행하라. '일체의 행은 괴롭다.' 이것은 둘째의 법의 근본이니 다 함께 생각하라. '일체의 법은 〈나〉가 없다.' 이것은 셋째의 법의 근본이니 다 함께 생각하라. '번뇌가 다하면(滅盡) 열반이다.' 이것은 넷째의 법의 근본이니 다 함께 생각하라.[61]

이상에서 살펴본 바와 같이, 니까야에서는 언제나 '존재의 세 가지 특성'을 의미하는 무상·고·무아로 나타나고 있다. 반면 한역 아함경에는 '공(空)' 혹은 '열반(涅槃)'이 삽입되어 있다. 이것을 근거로 대승불교에서는 '삼법인(三法印)' 혹은 '사법인(四法印)'으로 이해하게 되었던 것으로 보인다. 그러나 이 교설의 원형은 '존재의 세 가지 특성(三特相)'을 강조하기 위한 것임은 말할 나위 없다.

5

존재란 무엇인가 - 오온

오온의 무상(無常)·고(苦)·무아(無我)를 설하는 경전은 너무나 많다. 그중에서 가장 초기의 경전으로 추정되는 것은 『잡아함경』 제2권 제34경 「오비구경(五比丘經)」이다. 붓다가 바라나시의 녹야원에서 다섯 비구들에게 설한 것이다.

그때 세존께서는 남아 있는 다섯 비구[62]에게 말씀하셨다.
"색(色)에는 나(我)가 없다. 만일 색에 나가 있다면 색에는 응당 병이나 괴로움이 생기지 않아야 하며, 색에 대하여 '이렇게 되었으면……' 한다든가, '이렇게 되지 않았으면……' 하고 바랄 수도 없을 것이다.
색에는 나가 없기 때문에 색에는 병이 있고 괴로움이 생기는 것이요, 또한 색에 대하여 '이렇게 되었으면……' 한다든가, '이렇게 되지 않았으면……' 하고 바라게 되는 것이다. 수·상·행·식도 그와 같으니라.

비구들이여, 너희들 생각에는 어떠하냐? 색은 항상한가, 무상한가?"

비구들이 부처님께 아뢰었다.

"무상합니다. 세존이시여."

"만일 무상하다면 그것은 괴로운 것인가?"

"그것은 괴로운 것입니다. 세존이시여."

"비구들이여, 만일 무상하고 괴로운 것이라면 그것은 변하고 바뀌는 법이니라. 그런데 많이 아는 거룩한 제자가 그런 것에 대해 과연 '이것은 나다. 이것은 나와 다르다. 이것은 나와 나 아닌 것이 함께 있는 것이다' 라고 보겠는가?"

"아닙니다. 세존이시여."

"수·상·행·식도 그와 같으니라. 그러므로 비구들이여, '존재하는 모든 색은 과거에 속한 것이건 미래에 속한 것이건 현재에 속한 것이건, 안에 있는 것이건 밖에 있는 것이건, 거칠건 미세하건, 아름답건 추하건, 멀리 있는 것이건 가까이 있는 것이건, 그 일체는 모두 나(我)가 아니요, 나와 다르지도 않으며,

나와 나 아닌 것이 함께 있는 것도 아니다'라고 사실 그대로 관찰하라.

수·상·행·식도 그와 같으니라.

비구들이여, 많이 아는 거룩한 제자는 이 오수음(五受陰)을 나(我)도 아니요, 내 것(我所)도 아니라고 본다. 이렇게 관찰하기 때문에 모든 세간에 대해서 전혀 취할 것이 없게 되고, 취할 것이 없기 때문에 집착할 것이 없게 되며, 집착할 것이 없기 때문에 스스로 열반을 깨달아 '나의 생은 이미 다하고 범행은 이미 섰으며, 할 일은 이미 마쳐 후세의 몸을 받지 않는다'라고 스스로 아느니라."

부처님께서 이 경을 말씀하시자, 그 다섯 비구는 모든 번뇌를 일으키지 않고 마음이 해탈하였다.[63]

위 경전은 오온과 관련된 최초의 교설인 것 같다. 이 경의 핵심은 삼세의 모든 오취온(五取蘊)은 무상하고 괴로운 것이요, 항상성이 없고 내 마음대로 할 수 없기 때문에 괴롭다는 것이다. 그리고 괴로운 것은 '나'가 아니요, '내 것' 또한 아니며, 오취온이 내 가운데 있는 것도 아니요, 내가 오취온 가운데 있는 것도 아니라는 사실을 있는 그대로 관찰하면, 일체 세간에 대한 집착을 끊고 열반을 얻고 해탈지견을 얻게 된다는 것이다.

오온(五蘊, pañca-khandha)이란 '인간의 존재를 구성하는 다섯 가지 요소가 모인 것'이라고 정의할 수 있다. 이른바 색(色, rūpa)은 물질적인 형태, 즉 육체를 말한다. 수(受, vedanā)는 고(苦)·낙(樂)·불고불락(不苦不樂) 등의 감수(感受) 작용을 말한다. 상(想, saññā)은 개념의 표상(表象) 작용을 말한다. 행(行, saṅkhāra)은 형성하는 힘이라는 뜻인데, 여기서는 특히 마음의 의지 작용을 말한다. 식(識, viññāṇa)은 식별 작용, 즉 인식 판단의 의식 작용을 말한다.

이와 같이 오온은 원래 우리의 몸과 마음 전체를 가리킨 것이다. 그런데 나중에는 이 오온의 의미가 점차 확대되어 우리의 심신(心身)뿐만 아니라 환경의 세계 전체를 포괄하는 내외(內外)의 물질계와 정신계 일체를 의미하게 되었다.[64]

불교는 개인의 자아나 영혼의 존재를 부정한다. 이러한 부정은 붓다 교설의 핵심적 요소인 무아(無我, anattā)의 이론에 담겨 있다. 초기경전을 통해 알 수 있듯이, 붓다의 근본적인 관심은 오직 인간들이 당면한 괴로움의 소멸에 관한 것이었다. 붓다는 당시의 종교가나 사상가들이 제기한 형이상학적인 문제에 대해서는 전혀 관심을 기울이지 않았다. 이러한 주제들은 인간들이 당면한 괴로움을 해결하는 데 아무런 도움도 주지 못한다고 판단했기 때문이다. 붓다는 이러한 형이상학적인 질문에 대해서는 답변하기를 거부했다. 이것을 무기(無記, avyākata)라고 부른다.[65] 이와 같이 불교의 모든 교설은 괴로움에 허덕이는 인간 존재 그 자체를 문제로 삼는다.

붓다는 인간들이 겪는 괴로움의 원인은 무지(無知)와 집착(執着) 때문이라고 진단했다. 이것을 불교 용어로는 무명(無明, avijjā)과 갈애(渴愛, taṇhā)라고 한다. 이러한 무지와 집착 때문에 어리석은 범부들은 '내가 있다'라거나 '이것이 나이다'라고 생각한다. 인간들은 본능적·맹목적으로 '나'라는 것을 변치 않는 존재로 믿거나 믿고 싶어한다. 그러나 붓다는 인간들이 괴로움에서 벗어나기 위해서는 집착의 밑바닥에 놓인 '나'라는 관념에서 벗어나야 한다고 가르쳤다.

붓다는 '나'라고 할 만한 실체가 없다고 누누이 강조했다. 그는 일체의 존재는 다양한 원인과 조건에 의해 성립되는 것이라고 설했다. 그러나 사람들은 자신의 존재, 즉 자아(自我)가 없다는 사실을 믿을 수가 없었다. 붓다는 온갖 방법을 다 동원하여 '나'라는 존재의 실체가 없음(無我)을 반복하여 설명했다. 이와 같이 '나'라는 존재의 실체가 없음, 즉 무아(無我)임을 증명하기 위해 동원된 교설 가운데 하나가 바로 오온설(五蘊說)이다. 붓다는 이 오온의 분석을 통해 인간 존재는 다섯 가지 요소의 모임(五蘊)에 불과할 뿐, 영원 불변하는 자아(自我)는 없다고 단정했다.

6
존재란 무엇인가 – 십이처

십이처(十二處)란 여섯 개의 감각 기관(六根)과 그것에 상응하는 여섯 개의 대상(六境)을 합친 것이다. 육근은 눈(眼根)·귀(耳根)·코(鼻根)·혀(舌根)·몸(身根)·마음(意根)이고, 육경은 빛깔과 형태(色境)·소리(聲境)·냄새(香境)·맛(味境)·감촉(觸境)·생각(法境)이다. 육근을 육내처(六內處), 육경(六境)을 육외처(六外處)라고 부르기도 한다. 경전에서는 십이처를 일체(一切)라고 한다.

어느 때 부처님께서 사위국 기수급고독원에 계셨다.

그때 생문(生聞) 바라문이 부처님 계신 곳으로 찾아와 서로 문안 인사를 나누고, 한쪽에 물러나 앉아서 부처님께 아뢰었다.

"구담이시여, 이른바 일체라는 것은 어떤 것을 일체라고 합니까?"

부처님께서 바라문에게 말씀하셨다.

"일체란 곧 십이입처(十二入處)를 일컫는 말이니, 눈과 빛깔, 귀와 소리, 코와 냄새, 혀와 맛, 몸과 감촉, 뜻과 법이 그것이다. 이것을 일체라고 하느니라.

만일 또 어떤 사람이 '그것은 일체가 아니다. 나는 이제 사문 구담이 말하는 일체를 버리고 따로 다른 일체를 세우겠다'라고 말한다면 그것은 다만 말만 있을 뿐이니, 물어도 알지 못하여 그 의혹만 더 커질 것이다. 왜냐하면 그것은 인식할 수 있는 영역이 아니기 때문이다."[66]

위 경전에 의하면, 일체 존재를 구성하는 열두 가지 요소, 즉 주관계를 이루고 있는 육근(육내처)과 객관계를 이루고 있는 육경(육외처)에 고정 불변하는 것은 아무것도 없다는 것이다. 다시 말해서 주관계와 객관계를 모두 포섭하고 있는 십이처는 무상하고 무아라는 것이다.

7

존재란 무엇인가 – 십팔계

십팔계(十八界)란 십이처, 즉 육근(六根)과 육경(六境)에 다시 육식(六識)을 합친 것이다. 이 분류법은 근(根)·경(境)·식(識)의 삼사화합(三事和合)이라는 원리를 말한 것이다. 『잡아함경』 제16권 제452경 「촉경(觸經)」에 다음과 같이 설해져 있다.

이때 세존께서 모든 비구들에게 말씀하셨다.
"갖가지 경계(界)를 인연하여 갖가지 접촉(觸)이 생기고, 갖가지 접촉을 인연하여 갖가지 느낌(受)이 생기며, 갖가지 느낌을 인연하여 갖가지 애욕(愛)이 생기느니라. 어떤 것을 갖가지 경계라고 하는가? 이른바 십팔계로서 안계(眼界)·색계(色界)·안식계(眼識界) …… 의계(意界)·법계(法界)·의식계(意識界)이니,

이를 갖가지 경계라고 하느니라.

어떤 것을 갖가지 경계를 인연하여 갖가지 접촉이 생기며 …… 어떤 것을 갖가지 느낌을 인연하여 갖가지 애욕이 생기는 것이라고 하는가?

이른바 안계(眼界)를 인연하여 안촉이 생기고, 안촉을 인연하여 안촉이 일으키는 느낌이 생기며, 안촉이 일으킨 느낌을 인연하여 안촉이 일으키는 애욕이 생긴다. 이계(耳界)·비계(鼻界)·설계(舌界)·신계(身界)도 마찬가지이며, 의계(意界)를 인연하여 의촉이 생기고, 의촉을 인연하여 의촉이 일으키는 느낌이 생기며, 의촉이 일으킨 느낌을 인연하여 의촉이 일으키는 애욕이 생기느니라.

비구들이여, 갖가지 애욕을 인연하여 갖가지 느낌이 생기는 것이 아니요, 갖가지 느낌을 인연하여 갖가지 접촉이 생기는 것도 아니며, 갖가지 접촉을 인연하여 갖가지 경계가 생기는 것도 아니니라. 반드시 갖가지 경계를 인연해야 갖가지 접촉이 생기고, 갖가지 접촉을 인연해야 갖가지 느낌이 생기며, 갖가지 느낌을 인연해야 갖가지 애욕이 생기는 것이다.

이것을 비구들이여, 갖가지 경계를 인연하여 갖가지 접촉이 생기고, 갖가지 접촉을 인연하여 갖가지 느낌이 생기며, 갖가지 느낌을 인연하여 갖가지 애욕이 생기는 것이라고 하느니라."[67]

이러한 십팔계를 『잡아함경』 제11권 제273경 「수성유경(手聲喩經)」에서는 손뼉 소리에 비유하여 설명하고 있다.

> 비구여, 비유하면 두 손이 합해서 서로 마주치면 소리가 나는 것과 같나니, 이와 같이 눈과 빛깔을 인연하여 안식이 생긴다. 이 세 가지가 화합한 것이 감촉(觸)이니, 감촉이 함께하면 느낌(受)·생각(想)·의도(思)가 생긴다. 그러나 이러한 모든 법은 내가 아니요, 영원한 것이 아니니, 이것은 무상한 나요, 영원하지 않고 안온하지 않으며 변하고 바뀌는 나이니라. 왜냐하면 비구여, 그것은 이른바 나고 늙고 죽고 사라지며 태어남을 받게 하는 법이기 때문이니라. ……
> 눈(眼)에서와 같이 귀(耳)·코(鼻)·혀(舌)·몸(身)도 마찬가지이며, 뜻(意)과 법(法)을 인연하여 의식(意識)이 생긴다. 이 세 가지가 화합한 것이 접촉이니, 접촉이 함께하면 느낌·생각·의도가 생긴다. 이 모든 법에는 나라고 하는 것이 없고 무상한 것이며, …… 나와 내 것이 다 공한 것이니라.[68]

이 경의 내용과 같이, 무엇을 인식하기 위해서는 반드시 인식 기능을 가지고 있는 기관(根)과 인식의 대상(境)과 인식 작용(識)의 세 가지 요소가 필요하다. 이를테면 눈을 통해서 빛깔이나 형상을 보기 때문에 그것을 식별하고 작용이 일어나게 된다. 그것을 안식(眼識)이라 한다. 귀로써 소리를 듣기 때문에 이식(耳識)이, 코로써 냄새를 맡기 때문에 비식(鼻識)이, 혀로써 맛을 보기 때문에 설식(舌識)이, 몸으로 무엇을 접촉하기 때문에 신식(身識)이, 마음으로 무엇을 생각하기 때문에 의식(意識)이 일어나게 되는 것이다. 이것이 육식(六識)이다.

이 십팔계설은 일체를 열여덟 가지의 요소로 분류하여 설명한 것인데, 육근과 육경을 객관계로 보고, 육식을 주관계로 보았다. 그러나 일체법은 결국 물질적인 것이거나 정신적인 것이거나 변하지 않고 영원한 것은 없다는 것이다.

8
실천수행법

초기경전의 여러 곳에서 다양한 형태의 수행법을 제시하고 있다. 불교에서는 이상을 향해 나아가는 수행이 무엇보다도 중요하기 때문이다. 부파불교에서는 초기경전에 서술된 다양한 수행법을 정리하여 37종으로 하고, 이것을 삼십칠보리분(三十七菩提分, bodhipakkhiya dhamma)이라 부르고 있다. '깨달음에 이르는 서른일곱 가지 부분'이라는 뜻이다.

네 가지 알아차림

사념처(四念處, cattāri satipaṭṭhānāni)는 사념주(四念住)라고도 번역

하며, 신(身, kāya), 수(受, vedanā), 심(心, citta), 법(法, dhamma)의 네 가지 염처(念處)를 말한다. 오늘날의 위빳사나는 이 사념처에 근거를 둔 수행법이다. 『중아함경』 제24권 제98 「염처경(念處經)」에 다음과 같이 설해져 있다.

중생을 깨끗하게 하고, 걱정과 두려움에서 제도하며, 고뇌를 없애고 슬픔을 끊고, 바른 법을 얻게 하는 도(道)가 있으니, 곧 사념처(四念處)이니라. 과거의 모든 여래(如來) · 무소착(無所着) · 등정각(等正覺)께서는 다 오개(五蓋)[69]와 마음의 번뇌(心穢)와 지혜의 미약함을 끊고 마음을 세워 사념처에 바르게 머무르고, 칠각지(七覺支)를 닦아 위없는 정진의 깨달음(無上正盡之覺)을 얻으셨다. 또 미래의 모든 여래 · 무소착 · 등정각께서도 다 오개와 마음의 번뇌와 지혜의 미약함을 끊고 마음을 세워 사념처에 바르게 머무르고, 칠각지를 닦아 위없는 정진의 깨달음을 얻을 것이다. 나는 지금 현재의 여래 · 무소착 · 등정각으로서, 나도 또한 오개와 마음의 번뇌와 지혜의 미약함을 끊고 마음을 세워 사념처에 바르게 머무르고, 칠각지를 닦아 위없는 정진의 깨달음을 얻게 되었다. 어떤 것이 네 가지인가? 몸(身)을 몸 그대로 관하는 염처(念處)이고, 이와 같이 각(覺)[70]을 각(覺) 그대로 관하

며, 마음(心)을 마음 그대로 관하고, 법(法)을 법 그대로 관하는 염처이니라.[71]

네 가지 바른 노력

사정근(四正勤, cattāri sammappadhānāni)은 사정단(四正斷)이라고도 번역한다. 이것은 아직 일어나지 않은 선(善)을 생기게 하고, 이미 일어난 선(善)을 증대시키며, 아직 일어나지 않은 악(惡)을 생기지 않게 하고, 이미 일어난 악(惡)을 소멸시키기 위해 정진하는 것이다. 『잡아함경』 제31권 제879경 「사정단경(四正斷經)」에 다음과 같이 설해져 있다.

그때 세존께서 여러 비구들에게 말씀하셨다.
"사정단이 있다. 어떤 것이 그 네 가지인가? 첫째는 단단(斷斷)이요, 둘째는 율의단(律儀斷)이요, 셋째는 수호단(隨護斷)이요, 넷째는 수단(修斷)이니라.
어떤 것을 단단이라 하는가? 만일 비구가 이미 일어난 악하고 착하지 않은 법을 끊으려는 의욕을 내어 방편을 써서 꾸준히 노력하여 거두어들이고, 아직 일어나지 않은 악하고 착하지 않은 법은 일어나지 않게 하려는 의욕을 내어 방편으로 꾸준히 힘써 받아들이며, 아직 생기지 않은 착한 법은 일어나게 하려는 의욕을 내어 방편을 써서 꾸준히 노력하여 받아들이고, 이미 생긴 착한 법은 더욱더 닦아 익히려는 의욕을 내어 방편을 써서 꾸준히 노력하여 거두어들이면 이것을 단단이라고 하느니라.

어떤 것을 율의단이라고 하는가? 만일 비구가 눈(眼根)을 잘 단속하고 빈틈없이 다루어 조복 받고 앞을 향해 매진해 나아간다. 이와 같이 귀·코·혀·몸·뜻을 잘 단속하고 빈틈없이 다루어 조복 받고 앞을 향해 매진해 나아가면 이것을 율의단이라고 한다.

어떤 것을 수호단이라 하는가? 만일 비구가 그렇고 그러한 진실한 삼매의 생각을 잘 보호해 가지면, 이른바 시퍼런 어혈 같은 모습이라는 생각, 헛배가 퉁퉁 부풀어 오르는 모습 같다는 생각, 고름의 형상 같다는 생각, 무너지는 모습이라는 생각, 부정한 음식을 먹는다는 생각을 닦아 익히고 지켜 보호하여 물러가거나 사라지지 않게 하면, 이것을 수호단이라고 한다.

어떤 것을 수단이라 하는가? 만일 비구가 사념처(四念處) 등을 닦으면 이것을 수단이라고 하느니라."[72]

네 가지 성취 수단

사여의족(四如意足, cattāro iddhipādā)은 사신족(四神足)이라고도 번역한다. 이것은 욕여의족(欲如意足, chanda), 정진여의족(精進如意足, viriya), 심여의족(心如意足, citta), 사유여의족(思惟如意足, vīmaṁsa) 등의 네 가지를 말한다. 올바른 이상에의 욕구와 정진 노력과 마음을 통일한 선정과 사유의 지혜가 뜻대로 자유롭게 작용하는 것이다. 『잡아함경』 제21권 제561경 「바라문경(婆羅門經)」에 아난다 존자가 바라문에게 답한 대목이 나온다.

> 바라문이여, 여래(如來)·응공(應供)·등정각(等正覺)께서는 알고 보신 것으로 네 가지 여의족(如意足)을 말씀하시어, 일승도(一乘道)로 중생을 깨끗하게 하고, 괴로움과 번민을 없애며, 근심과 슬픔을 끊게 하셨습니다. 어떤 것이 네 가지인가?
> 욕정(欲定)으로 끊기를 수행해 성취하는 여의족(欲定斷行成就如意足)과 정진정(精進定)·심정(心定)·사유정(思惟定)으로 끊기를

수행해 성취하는 여의족입니다. 그래서 거룩한 제자는 욕정으로 끊기를 수행해 성취하는 여의족을 닦아, 욕심 여읨에 의해, 욕심 없음에 의해, 생사를 벗어남(出要)에 의해, 멸함에 의해, 평정함(捨)으로 향하면, 나아가서는 탐애를 끊게 되고, 탐애가 이미 끊어지면 그 의욕도 또한 쉬게 됩니다. 정진정·심정·사유정으로 끊기를 수행해 성취하기를 닦아, 욕심을 여읨에 의해, 욕심 없음에 의해, 생사를 벗어남에 의해, 멸함에 의해, 평정함으로 향하면, 나아가서는 탐애가 다하게 되고, 탐애가 이미 다하면 사유도 곧 쉬게 됩니다.[73]

다섯 가지 기능

오근(五根, pañcindriyāni)은 신근(信根, saddhā), 정진근(精進根, viriya), 염근(念根, sati), 정근(定根, samādhi), 혜근(慧根, paññā) 등 다섯 가지를 말한다. 근(根)이라고 하는 것은 자유롭게 작용하는 능력이다. 불(佛)·법(法)·승(僧)의 삼보(三寶)에 대한 신(信)과 정진(精進)·염(念)·정(定)·혜(慧)가 이상을 향해 작용하는 능력을 가리킨다.『잡아함경』제26권 제646경「당지경(當知經)」

에 오근(五根)에 관한 내용이 설해져 있다.

그때 세존께서 여러 비구들에게 말씀하셨다.
"다섯 가지 능력이 있다. 어떤 것이 그 다섯 가지 능력인가? 이른바 신근(信根)·정진근(精進根)·염근(念根)·정근(定根)·혜근(慧根)이니라.
신근이란 마땅히 사불괴정(四不壞淨)이라는 것을 알아야 하고, 정진근이란 사정단(四正斷)임을 알아야 하며, 염근이란 사념처(四念處)임을 마땅히 알아야 하고, 정근이란 사선(四禪)임을 알아야 하며, 혜근이란 사성제(四聖諦)임을 마땅히 알아야 하느니라."[74]

이어서 『잡아함경』 제26권 제647경 「분별경(分別經)」에서 오근에 대해 좀 더 자세히 설명하고 있다.

그때 세존께서 여러 비구들에게 말씀하셨다.
"다섯 가지 능력이 있다. 어떤 것이 그 다섯 가지인가? 이른바 신근·정진근·염근·정근·혜근이니라. 어떤 것을 신근이라고 하는가? 만일 비구가 여래에 대하여 깨끗한 믿는 마음을 일으키되 그 근본이 견고하여, 그 밖의 사문·바라문·하늘·악마·범(梵) 및 세간으로서 그 마음을 무너뜨리는 이가 없으면, 이것을 신근이라고 한다.

어떤 것을 정진근이라고 하는가? 이미 생긴 악하고 착하지 않은 법은 끊도록 의욕을 내고 노력하고 정진하며, 마음을 잘 가져서 더욱 정근하여 나아가며, 아직 생기지 않은 악하고 착하지 않은 법은 일어나지 않도록 의욕을 내고 노력하고 정진하며, 마음을 잘 가져서 더욱 정근하여 나아가며, 아직 생기지 않은 착한 법은 일어나도록 의욕을 내고 노력하고 정진하며, 마음을 잘 가져서 더욱 정근하여 나아가며, 이미 생긴 착한 법은 붙들어 잊어버리지 않고, 닦아 익혀 넓어지도록 의욕을 내고 노력하고 정진하며, 마음을 잘 가져서 더욱 정근하여 나아가면 이것을 정진근이라고 한다.

어떤 것을 염근이라고 하는가? 만일 비구가 안의 몸(內身)을 몸 그대로 관찰하는 데 머물러, 방편으로 꾸준히 힘쓰고, 바른 지혜와 바른 생각으로 세간의 탐욕과 근심을 항복받고, 바깥의 몸과 안팎의 몸, 느낌·마음과, 법을 법 그대로 관찰하는 데에 머무르는 것도 또한 그와 같이 하는 것이니, 이것을 염근이라고 한다.

어떤 것을 정근이라고 하는가? 만일 비구가 욕심과 악하고 착하지 않은 법을 여의고 각(覺)도 있고 관(觀)도 있으며, 욕계(欲界)의 번뇌를 여읜 데에서 생겨난 기쁨과 즐거움을 갖추고서, …… 제4선정을 완전히 갖추어 머무르면 이것을 정근이라고 한다.

어떤 것을 혜근이라고 하는가? 만일 비구가 괴로움에 대한 성스러운 진리(苦聖諦)를 참답게 알고, 괴로움의 원인에 대한 성스러운 진리(苦集聖諦), 괴로움의 소멸에 대한 성스러운 진리(苦滅聖諦), 괴로움의 소멸에 이르는 길에 대한 성스러운 진리(苦滅道聖諦)를 참답게 아는 것을 혜근이라고 하느니라."[75]

다섯 가지 힘

오력(五力, pañca balāni)은 오근(五根)과 같은 항목이다. 다만 오근이 능력의 작용임에 반해 오력은 거기에서 더 나아가 더욱 큰 힘을 발휘하는 것을 말한다.

일곱 가지 깨달음의 구성 요소

칠각지(七覺支, satta bojjhaṅgā)는 염각지(念覺支, sati), 택법각지(擇法覺支, dhamma-vicaya), 정진각지(精進覺支, viriya), 희각지(喜覺支, pīti), 경안각지(輕安覺支, passaddhi), 정각지(定覺支, samādhi), 사각지(捨覺支, upekkhā) 등이다. 일곱 항목으로 이루어진 칠각지는 깨달음에 이르는 일곱 가지 부분이라는 뜻이다. 이 가운데 택법(擇法)이라는 것은 진리인 법을 판별 사유하여 연구하는 지혜이고, 희(喜)라고 하는 것은 높은 선정을 얻기 전의 정신의 만족 희열이며, 경안(輕安)은 선정을 얻기 전에 심신이 경쾌하고 명랑한 것, 사(捨)라는 것은 애증·취사의 생각을 버려 어떤 일에도 마음이 치우치거나 마음의 평정이 흔들리지 않는 것이다. 『잡아함경』 제27권 제715경 「식경(食經)」에서 칠각지에 대해 다음과 같이 설명하고 있다.

> 또 비유하면 몸은 음식을 의지하여 자라게 되나니, 음식이 없으면 존재하지 못한다. 이와 같이 칠각지(七覺分)도 자양분을 의지하여 머물고, 자양분을 의지하여 자라나나니, 만약 자양분이 없으면 존재하지 않는다.

어떤 것을 염각지(念覺分)의 자양분이 아니라고 하는가? 이른바 사념처(四念處)에 대해 그것을 생각하지 않으면 아직 일어나지 않은 염각지는 일어나지 않고, 이미 일어난 염각지는 사라지게 된다. 이것을 염각지의 자양분이 아니라고 한다.

어떤 것을 택법각지(擇法覺分)의 자양분이 아니라고 하는가? 이른바 착한 법을 선별해 가리고 착하지 않은 법을 선별해 가리는 것에 대해, 그것을 생각하지 않으면 아직 일어나지 않은 택법각지는 일어나지 않게 하고, 이미 일어난 택법각지는 사라지게 한다. 이것을 택법각지의 자양분이 아니라고 한다.

어떤 것을 정진각지(精進覺分)의 자양분이 아니라고 하는가? 이른바 사정단(四正斷)에 대해, 그것을 생각하지 않으면 아직 일어나지 않은 정진각지는 일어나지 않게 하고, 이미 일어난 정진각지는 사라지게 한다. 이것을 정진각지의 자양분이 아니라고 한다.

어떤 것을 희각지(喜覺分)의 자양분이 아니라고 하는가? 희열(喜)과 희열 경계의 법(喜處法)이 있는데, 그것을 생각하지 않으면 아직 일어나지 않은 희각지는 일어나지 않게 하고, 이미 일어난 희각지는 사라지게 한다. 이것을 희각지의 자양분이 아니라고 한다.

어떤 것을 의각지(猗覺分)⁷⁶의 자양분이 아니라고 하는가? 몸의 쉼(身猗息)과 마음의 쉼(心猗息)이 있는데, 그것을 생각하지 않으면 아직 생기지 않은 의각지는 일어나지 않고, 이미 생긴 의각지는 사라지게 한다. 이것을 의각지의 자양분이 아니라고 한다.

어떤 것을 정각지(定覺分)의 자양분이 아니라고 하는가? 사선(四禪)이 있는데, 그것을 생각하지 않으면 아직 일어나지 않은 정각지는 일어나지 않게 하고 이미 일어난 정각지는 사라지게 한다. 이것을 정각지의 자양분이 아니라고 한다.

어떤 것을 사각지(捨覺分)의 자양분이 아니라고 하는가? 세 가지 세계가 있는데, 이른바 단계(斷界)·무욕계(無欲界)·멸계(滅界)이다. 그것을 생각하지 않으면 아직 일어나지 않은 사각지는 일어나지 않고, 이미 일어난 사각지는 사라지게 한다. 이것을 사각지의 자양분이 아니라고 한다.⁷⁷

여덟 가지 성스러운 길

팔정도(八正道, ariyo aṭṭhaṅgiko maggo, 八支聖道)는 '여덟 가지 성스

러운 길'이라는 의미이다. 팔정도는 사성제의 네 번째 괴로움의 소멸로 이끄는 길(苦滅道聖諦)에 해당되지만, 다른 한편으로는 별도의 수행도로서도 매우 중요한 실천 덕목이다. 붓다는 남전의 『대반열반경』에서 팔정도의 가르침이 없으면, 예류과(預流果)·일래과(一來果)·불환과(不還果)·아라한과(阿羅漢果)를 증득한 성자도 없다고 말했다.[78]

『잡아함경』 제28권 제785경 「광설팔성도경(廣說八聖道經)」에 팔정도의 내용이 자세히 설해져 있다. 이 경의 특징은 각 항목을 세간과 출세간의 두 가지로 해석하고 있다는 점이다.

그때 세존께서 모든 비구들에게 말씀하셨다.

" …… 어떤 것이 바른 견해(正見)인가? 바른 견해에는 두 가지가 있다. 하나는 세상 사람과 세속의 바른 견해로서 번뇌(漏)가 있고 취함(取)이 있으면서 좋은 세계로 향하는 것이요, 또 하나는 성인과 출세간(出世間)의 바른 견해로서 번뇌가 없고 취함이 없어, 바로 괴로움을 없애 괴로움의 끝으로 향하는 것이다.

어떤 것을 세상 사람과 세속의 바른 견해로서 번뇌가 있고 취함이 있으면서 좋은 세계로 향하는 것이라고 하는가? 만일 그가 보시(施)가 있고 주장(說)이 있음을 보고, …… 이 세상에 어떤 아라한이 있어 후생(後生)에 몸을 받지 않는다는 것을 안다면, 그것이 세간의 바른 견해요, 세상 사람과 세속의 바른 견해로서 번뇌가 있고 취함이 있으면서 좋은 세계로 향하는 것이라고 한다.

어떤 것을 성인과 출세간의 바른 견해로서 번뇌가 없고 취함이 없어, 바로 괴로움을 없애 괴로움의 끝으로 향하는 것이라고 하는가? 이른바 거룩한 제자는 괴로움을 괴로움이라 생각하고, 괴로움의 발생(集)·소멸(滅)도 마찬가지로 생각하며, 소멸에 이르는 길(道)을 소멸에 이르는 길이라 생각하여, 번뇌가 없는 생각과 서로 호응하여, 법을 선택하고 분별하여 깨달아 앎을 구하고 지혜로 깨닫고 관찰한다. 이것을 성인과 출세간의 바른 견해로서, 번뇌가 없고 취함이 없어 바로 괴로움을 없애 괴로움의 끝으로 향하는 것이라고 하느니라."[79]

나머지 바른 뜻(正志), 바른 행위(正業), 바른 생활(正命), 바른 방편(正方便), 바른 통찰(正念), 바른 선정(正定)도 이와 마찬가지이다. 팔정도의 항목은 다음과 같다. 즉 정견(正見, sammā-diṭṭhi)·정사유(正思惟, sammā-saṅkappa)·정어(正語, sammā-vācā)·정업(正業, sammā-kammanta)·정명(正命, sammā-ājīva)·정정진(正精

進, sammā-vāyāma)·정념(正念, sammā-sati)·정정(正定, sammā-samādhi)이다.

팔정도는 여덟 개의 항목이 한 성도(聖道)의 부분을 이루고 있다. 각 항목이 별개의 것이 아니라 여덟 개가 모두 협력함으로써 하나의 목적에 이를 수 있다. 팔정도의 여덟 항목은 서로 도움을 주고받는 상관관계에 있다. 한마디로 상섭(相攝, saṅgaha)의 관계인 것이다.

9
세 가지 배움

불교의 수행론은 지계(持戒)·선정(禪定)·지혜(智慧) 삼학(三學)의 체계로 이루어져 있다. 삼학이란 무엇인가? 『잡아함경』 제30권 제832경 「삼학경(三學經)」에는 이렇게 설해져 있다.

> 어느 때 세존께서 여러 비구들에게 말씀하셨다.
> "비구들이여, 삼학(三學)이 있다. 어떤 것이 세 가지인가? 뛰어난 계학(戒學), 뛰어난 정학(定學), 뛰어난 혜학(慧學)이다.
> 어떤 것이 뛰어난 계학인가?
> 만약 비구가 바라제목차(波羅提木叉)[80]에 머물러 규율에 맞는 몸가짐과 행위를 원만하게 갖추어 가벼운 죄를 보아도 두려운 마음을 내어 계를 받아 지니면, 이것을 뛰어난 계학이라 한다.

어떤 것이 뛰어난 정학인가?

만약 비구가 온갖 악하고 불건전한 것들을 여의고, 일으킨 생각(覺)과 지속적인 고찰(觀)이 있고, 온갖 악하고 불건전한 것들을 여읜 데서 생긴 기쁨과 안락이 있는 초선에 원만하게 머물고 …… 제4선에 원만하게 머물면, 이것을 뛰어난 정학이라 한다.

어떤 것이 뛰어난 혜학인가?

만약 비구가 괴로움이라는 성스러운 진리를 진실 그대로 알고, 괴로움의 원인이라는 성스러운 진리, 괴로움의 소멸이라는 성스러운 진리, 괴로움의 소멸에 이르는 길이라는 성스러운 진리를 진실 그대로 알면, 이것을 뛰어난 혜학이라 한다."[81]

『잡아함경』 제29권 제825경 「학경(學經)」에서는 삼학의 공덕에 대해 다음과 같이 설명하고 있다.

그때 세존께서 모든 비구들에게 말씀하셨다.

"계율 공부로 복과 이익이 많고, 지혜가 최상인 데에 머물며, 해탈이 견고해지고, 생각이 왕성해지게 되느니라. 만일 비구가 계율 공부로 복과 이익을 얻고, 지혜가 최상이 되며, 해탈이 견고해지고, 생각이 왕성하게 되면, 삼학(三學)이 원만하게 되느니라. 어떤 것이 그 세 가지인가? 이른바 왕성한 계율 공부(增上戒學)·왕성한 마음 공부(增上意學)·왕성한 지혜 공부(增上慧學)가 그것이니라."

그때 세존께서 곧 게송으로 말씀하셨다.

계율 공부는 복과 이익이 따르고
골똘하게 사유하면 삼매선정 이루며
그리고 또 지혜는 최상이 되나니
그것은 현재 생의 마지막이 된다네.
나 모니는 여기 최후의 몸으로
악마를 항복받고 저 언덕으로 건넜네.[82]

또한 『잡아함경』 제29권 제827경 「경마경(耕磨經)」에서는 삼학을 농사짓는 일에 비유하고 있다.

그때 세존께서 모든 비구들에게 말씀하셨다.
"비유하면 농부가 세 가지로써 농사를 짓는데 절기를 따라야 잘 짓는 경우와 같다. 어떤 것이 그 세 가지인가? 저 농부는 절기를 따라 밭을 갈고 절기를 따라 물을 대며 절기를 따라 종자를 뿌린다. 저 농부는 절기를 따라 밭을 갈고 물을 대며 종자를 뿌려 놓고 나서 '오늘 싹이 트고 자라서 오늘 열매를 맺고 오늘 여물었으면, 혹 내일이나, 혹은 좀 뒷날에라도 그렇게 되었으면' 하고 생각하지는 않는다.

비구들이여, 그러나 저 장자가 밭을 갈고 물을 대고 종자를 뿌리고 나서는 '오늘 싹이 터서 자라고 오늘 열매를 맺고 오늘 여물었으면, 혹은 내일이나, 혹은 좀 뒷날에라도 그렇게 되었으면' 하고 그렇게 생각하지 않더라도 그 종자가 이미 땅에 들어갔으니 저절로 때를 따라 싹이 트고 자라서 열매를 맺고 여물게 될 것이다.

그와 같이 비구들이여, 이 세 가지 공부를 때를 따라 잘 배워야 하리니, 계율 공부를 잘하고 마음 공부를 잘하며 지혜 공부를 잘하고 나서는 '내가 오늘 바로 온갖 번뇌를 일으키지 않고 마음이 잘 해탈하였으면, 혹은 내일이나, 혹은 좀 뒷날에라도 그렇게 되었으면' 하고 그렇게 생각하지 않아야 한다.

그렇게 생각하지 않아도 저절로 신통력으로 능히 오늘 …… 혹은 내일이나, 혹은 좀 뒷날에라도 모든 번뇌를 일으키지 않고 마음이 잘 해탈하게 될 것이다. 그가 이미 때를 따라 계율 공부를 왕성하게 하고, 마음 공부를 왕성하게 하며, 지혜 공부를 왕성하게 하여 마치고 나면, 그 시절을 따라 저절로 모든 번뇌가 일어나지 않고 마음이 잘 해탈하게 되는 것이다.

비구들이여, 비유하면 암탉이 알을 품고 있을 때 혹은 열흘 내지 열이틀 동안, 때를 따라 그 동정을 살피면서 혹은 시원하게 혹은 따뜻하게 아끼고 보살피는 것과 같다. 그러면서도 저 알을 품는 어미 닭은, '나는 오늘, 아니면 내일, 혹은 좀 뒷날에라도 입으로 쪼고 발톱으로 긁어서 병아리가 편안하게 나오도록 하리라' 이렇게 생각하지 않는다. 그저 그 암탉이 알을 잘 품고 때를 따라 아끼고 보살피기만 하면, 병아리는 저절로 편안하게 나오게 될 것이다. 그와 같이 비구들이여, 세 가지 공부를 잘하기만 하면, 시절을 따라 저절로 모든 번뇌가 일어나지 않고 마음이 잘 해탈하게 되느니라."[83]

위 경전에 언급한 바와 같이, 세 가지 공부(三學)도 단번에 이루겠다고 조급한 마음을 일으켜서는 안 된다. 서두르지 않고 꾸준히 노력하다 보면 시절을 따라 저절로 모든 번뇌가 일어나지 않게 된다. 그러면 마침내 마음이 해탈하게 된다는 것이다.

10
이론과 실천으로서의 중도

초기경전에 나타난 중도설은 크게 두 가지로 구분할 수 있다. 하나는 『전법륜경』에 나오는 '고락중도(苦樂中道)'이고,[84] 다른 하나는 『가전연경』을 비롯한 『상윳따 니까야』에 나오는 '유무중도(有無中道)'[85] 혹은 '단상중도(斷常中道)'[86]이다. 전자의 '고락중도'는 실천적 입장이지만, 후자의 '유무중도'나 '단상중도'는 '견해'의 문제이다. 먼저 실천행으로서의 중도설에 대해 살펴보자.

『전법륜경(轉法輪經)』은 쾌락과 고행 두 극단을 떠난 '중도(中道)'를 설하고 있는데, 내용적으로는 사성제(四聖諦)와 팔정도(八正道)의 가르침이 골격을 이루고 있다. 붓다는 이 경전에서 최초로 '중도(majjhimā paṭipadā)'라는 말을 사용했다.

비구들이여, 출가자는 두 가지 극단을 가까이해서는 안 된다. 두 가지란 무엇인가? 하나는 모든 욕망에 따라 쾌락에 탐닉하는 것으로, 열악하고 야비하며 범부가 행하는 것이며 천하고 이익이 없는 것이다. 다른 하나는 자신을 피로하게 하는 것에 탐닉하는 것으로, 괴롭고 천하며 이익됨이 없는 것이다. 비구들이여, 여래는 이 두 가지 극단을 버리고 중도(中道)를 깨달았다. 이것은 눈(眼)이 되고 지(智)가 되어 적정(寂靜)·증지(證智)·정각(正覺)·열반(涅槃)으로 이끄는 것이다.

그러면 비구들이여, 여래가 원만히 잘 깨달았고, 눈(眼)이 되고 지(智)가 되어 적정(寂靜)·증지(證智)·정각(正覺)·열반(涅槃)으로 이끄는 중도란 무엇인가?

그것은 곧 여덟 가지 성스러운 길(八正道)을 말하는 것이니, 정견(正見)·정사유(正思惟)·정어(正語)·정업(正業)·정명(正命)·정정진(正精進)·정념(正念)·정정(正定)이다. 비구들이여, 이것이 여래가 원만히 잘 깨달았고 열반에 도움이 되는 중도이다.[87]

위 인용문에 의하면 붓다는 두 극단을 버리고 중도에 의해 깨달음을 이루었다고 한다. 그리고 여기서 말하는 중도는 실천행으로서의 팔정도에 초점이 맞추어져 있다. 다음은 사상적 이론으로서의 중도설을 살펴보자. 이론적 중도사상을 언급한 대표적인 경전은 『잡아함경』 제12권 제301경 「가전연경(迦旃延經)」이다.

부처님께서 산타가전연에게 말씀하셨다.
"세간 사람들이 의지하는 것에 두 가지가 있으니, 유(有)[88]와 혹은 무(無)[89]이다. 취함(取)에 부딪히고, 취함에 부딪히기 때문에 혹은 유에 의지하고 혹은 무에 의지한다. 만일 이 취함이 없다면 마음과 경계를 얽어매는 번뇌를 취하지 않고, 머무르지 않으며, 헤아리지 않을 것이다. 자신에게 괴로움이 생기면 생겼다고 보고, 괴로움이 소멸하면 소멸했다고 보아 그것에 대해 의심하지 않고, 미혹하지 않으며, 다른 사람을 의지하지 않고 스스로 아는 것을 올바른 견해라고 한다. 이것이 여래가 시설한 올바른 견해이니라.

왜냐하면 세간의 발생을 사실 그대로 바르게 알고 본다면, 세간이 없다는 것은 있을 수 없는 일이요, 세간의 소멸을 사실 그대로 알고 본다면, 세간이 있다는 것은 있을 수 없는 일이다. 이것을 두 극단을 떠나 중도에서 말하는 것이라고 하느니라.

이른바 '이것이 있기 때문에 저것이 있고, 이것이 일어나기 때문에 저것이 일어난다'는 것이니, 즉 무명을 인연하여 행이 있고 …… 순전한 괴로움뿐인 큰 무더기가 발생하며, 무명이 소멸하기 때문에 행이 소멸하고 …… 순전한 괴로움뿐인 큰 무더기가 소멸하느니라."[90]

이 경은 유무중도(有無中道)를 다루고 있기 때문에 중요하게 취급되었다. 이 경의 핵심은 유(有)와 무(無)의 두 가지 견해를 떠난 것이 올바른 견해(正見)라는 것이다. 한편 『별역잡아함경』 제10권 제195경에서는 단상중도(斷常中道)를 언급하고 있다.

또 아난이여, 만약 나가 있다고 말하면 즉시 상견(常見)에 떨어지고, 만약 나가 없다고 말하면 즉시 단견(斷見)에 떨어진다. 여래의 설법은 두 쪽에 치우치는 것을 여의고서 중도에 합하는 것이다. 즉, 이 모든 법은 무너지기 때문에 항상함이 아니요, 지속되기 때문에 끊어지는 것이 아니니, 항상함도 아니고 끊어짐도 아닌 것이다.[91]

붓다 당시의 사상계는 크게 둘로 나누어져 있었다. 하나는 인간의 정신을 중심으로 한 인간 이해의 입장은 아트만(ātman)의 영원성·불변성을 주장하는 상견(常見) 혹은 유견(有見, sassata-diṭṭhi)이다. 이것을 영어로는 영원주의(eternalism)라고 부르기도 한다. 또한 세계와 인간의 존재 방식의 측면에서 본 정통 바라문교의 입장은 전변설(轉變說, pariṇāma-vāda)이다. 인간의 길흉화복의 원인을 신(神)에게서 찾기 때문에 신의설(神意說)이라 할 수 있다.

다른 하나는 물질 또는 육체를 중심으로 한 인간 이해의 입장은 개체의 존재는 죽음과 함께 소멸해 버린다는 단견(斷見) 혹은 무견(無見, natthika-diṭṭhi)이다. 이것을 영어로는 허무주의(nihilism)라고 부르기도 한다. 또한 세계와 인간을 네 가지, 일곱 가지 혹은 열두 가지의 요소로 이루어져 있다고 본 신흥 육사외도(六師外道)의 입장은 적취설(積聚說, ārambha-vāda)이다. 또한 인간의 길흉화복은 숙명적이거나 우연적이라고 보기 때문에 숙명론(宿命論, fatalism) 혹은 우연론(偶然論)이라 할 수 있다.

이러한 정통 바라문교의 상견(常見)과 신흥 사상가들의 단견(斷見)에 대하여 붓다는 있는 그대로의 사실(yathābhūta, 如實)을 올바로 알지 못하기 때문에 생겨난 사견(邪見)이라고 비판했다. 다시 말해서 붓다는 유(有, 常見)와 무(無, 斷見)라는 양 극단의 견해를 따르지 않고, 중도(中道, majjhimā paṭipadā)에 의거해서 연기(緣起)를 설했다. 왜냐하면 제법은 인연에 의해 생기고, 인연에 의해 멸하기 때문이다.

:주(註)

1. 사위국(舍衛國)은 빨리어 '사왓티(Sāvatthī)' 혹은 범어 '슈라와스띠(Śrāvastī)'를 음사(音寫)한 것이다. 사왓티는 붓다 당시 16대국 가운데 하나였던 꼬살라(Kosala, 憍薩羅)국의 수도(首都)였다. 중국의 역경가들은 사왓티가 국가 이름(國名)인 줄 알고 사위국(舍衛國)으로 번역했다. 하지만 사왓티는 도시 이름이므로 사위성(舍衛城)으로 번역해야 옳다. 사왓티는 지금의 '사헤뜨-마헤뜨(Sāhet-Māhet)'로 알려져 있다. 범어 'Śrāvastī'는 사위(舍衛), 실라벌(室羅筏), 실라벌(室羅伐), 사파제(舍婆提), 실라벌실저(室羅伐悉底), 사위국(舍衛國), 사위대성(舍衛大城), 사파제성(舍婆提城) 등으로 음사되었다. (荻原雲來 編纂, 『漢譯對照梵和大辭典』(이하 『梵和大辭典』) 新裝版(東京: 講談社, 1986), p.1355.) 우리나라 삼국시대의 국명 '신라(新羅)'와 그 수도 '서라벌'은 범어 'Śrāvastī'의 음사에서 유래된 것으로 보인다.
2. 승림급고독원(勝林給孤獨園)은 기수급고독원(祇樹給孤獨園)을 말한다.
3. 사리뿟따(Sāriputta)의 음사. '사리불(舍利弗)'로 더 많이 음사되었다.

제2장 _ 주(註)

4. 일반적으로 '고집성제(苦集聖諦)'로 번역되지만, 이 경에서는 '고습성제(苦習聖諦)'로 번역되어 있다.

5. 『중아함경』제7권 제10 「상적유경」(T1, p.464b), "諸賢! 若有無量善法, 彼一切法皆四聖諦所攝, 來入四聖諦中, 謂四聖諦於一切法最爲第一. 所以者何? 攝受一切衆善法故. 諸賢! 猶如諸畜之跡, 象跡爲第一. 所以者何? 彼象跡者最廣大故. 如是, 諸賢! 無量善法, 彼一切法皆四聖諦所攝, 來入四聖諦中, 謂四聖諦於一切法最爲第一. 云何爲四? 謂苦聖諦, 苦習・苦滅・苦滅道聖諦."

6. E. Frauwallner, *History of Indian Philosophy*, tr. V. M. Bedekar (Delhi: Motilal Banarsidass, 1973), p.146.

7. 바라내국(波羅㮈國)은 바라나시(Bārāṇasī)의 음사. 송(宋)・원(元)・명(明)의 세 판본은 '나(奈)'로 되어 있다. 빨리어 원음에 비추어 볼 때 '나(奈)'로 표기하는 것이 더 원음에 가깝다. 그리고 붓다 당시 바라나시는 까시(Kāsi)국의 수도였다. 그러므로 '바라내국'으로 번역한 것은 잘못된 것으로 보인다.

8. '선인이 살던 녹야원'은 이시빠따나(Isipatana, 仙人住處)의 미가다야(Migadāya, 鹿野苑)를 번역한 것이다.

9. 『잡아함경』제15권 제389경(T2, p.105a), "一時, 佛住波羅㮈國仙人住處鹿野苑中. 爾時, 世尊告諸比丘: "有四法成就, 名曰大醫王者, 所應王之具・王之分. 何等爲四? 一者善知病, 二者善知病源, 三者善知病對治, 四者善知治病已, 當來更不動發. …… 如來・應・等正覺爲大醫王, 成就四德, 療衆生病, 亦復如是. 云何爲四? 謂如來知此是苦聖諦如實知・此是苦集聖諦如實知・此是苦滅聖諦如實知・此是苦滅道跡聖諦如實知. 諸比丘! 彼世間良醫於生根本對治不如實知, 老・病・死・憂・悲・惱・苦根本對治不如實知, 如來・應・等正覺爲大醫王,

於生根本知對治如實知, 於老・病・死・憂・悲・惱・苦根本對治如實知, 是故如來・應・等正覺名大醫王.'"

10. 『증일아함경』 제14권 제24 고당품 제5경(T2, p.619a), "彼云何名為苦諦? 所謂生苦・老苦・病苦・死苦・憂悲惱苦・愁憂苦痛, 不可稱記. 怨憎會苦・恩愛別苦・所欲不得, 亦復是苦, 取要言之, 五盛陰苦, 是謂苦諦. 云何苦習諦? 所謂受愛之分, 習之不倦, 意常貪著, 是謂苦習諦."

11. 빨리어 '깜마 - 땅하(kāma - taṇhā)'를 번역한 것이다. 이것은 '감각적 쾌락에 대한 갈애'를 말한다.

12. 빨리어 '바와 - 땅하(bhava - taṇhā)'를 번역한 것이다. 이것은 '존재에 대한 갈애'를 말하는데, 상견(常見, sassata - diṭṭhi)과 관련이 있다.

13. 빨리어 '비바와 - 땅하(vibhava - taṇhā)'를 번역한 것이다. 이것은 '비존재에 대한 갈애'를 말하는데, 단견(斷見, uccheda - diṭṭhi)과 관련이 있다.

14. 『증일아함경』 제14권 제24 고당품 제5경(T2, p.619a), "彼云何苦盡諦? 能使彼愛滅盡無餘, 亦不更生, 是謂苦盡諦. 彼云何名為苦出要諦? 所謂賢聖八品道. 所謂等見・等治・等語・等業・等命・等方便・等念・等定. 是謂名為四諦之法."

15. 『잡아함경』 제15권 제382경(T2, p.104b), "若比丘於苦聖諦當知・當解, 於集聖諦當知・當斷, 於苦滅聖諦當知・當證, 於苦滅道跡聖諦當知・當修."

16. 『잡아함경』 제15권 제383경(T2, p.104b), "如是比丘則斷愛欲, 轉去諸結, 於慢・無明等究竟苦邊."

17. 『잡아함경』 제15권 제383경(T2, p.104c), "如是比丘名阿羅漢, 諸漏已盡, 所作已作, 離諸重擔, 逮得己利, 盡諸有結, 正智善解脫."

18. 기수급고독원(祇樹給孤獨園)은 'Jetavana Anāthapiṇḍikassa ārāma'를 번역한 것이다. 제따와나(Jetavana)는 '제따(Jeta, 祇陀) 태자(太子)의 동산

(祇園)'이라는 뜻이다. 아나타삔디까(Anāthapiṇḍika)는 '외로운 이를 돕는 자(孤獨園)'라는 뜻으로, 수닷따(Sudatta, 須達) 장자(長者)의 별명이다. 그는 많은 사람들에게 자신의 재산을 널리 보시하였기 때문에 이러한 별명을 얻게 되었다. 아라마(ārāma)는 '원(園)' 혹은 '원림(園林)'이라는 뜻이다. 그러므로 '기수급고독원'은 '제따태자의 동산에 아나타삔디까 장자가 세운 원림'이라는 뜻이다. 한자문화권에서는 'Jetavana Anāthapiṇḍikassa ārāma'를 '기수급고독원(祇樹給孤獨園)'이라 번역하고, 줄여서 '기원정사(祇園精舍)'라고 부른다. 이 승원은 아나타삔디까 장자가 붓다와 그 제자들이 편안히 머물 수 있도록 모든 편의시설들을 지어서 승단에 기증했다. (MA Ⅰ, p.50; UdA 56f; DPPN Ⅰ, p.964.) 이 승원 건립의 주역은 제따(Jeta) 태자와 아나타삔디까(Anāthapiṇḍika) 장자라는 것은 주지의 사실이다. 수닷따 장자가 이 승원을 건립하기까지의 일화는 너무나 유명하다. 그는 제따왕자로부터 금 조각을 표면에 덮는 값을 치르고 제따 숲을 샀다. 그리고 그 동산에 사원을 건립하여 승단에 기증했다. 붓다는 "나의 제자인 우빠사까(Upāsaka, 優婆塞) 중에서 보시제일(dāyakānaṃ yadidaṃ)은 수닷따(Sudatta), 즉 아나타삔디까 장자이다"(AN Ⅰ, pp.25-26)라고 격찬했다. 또한 제따 태자는 당시 꼬살라국 왕인 빠세나디(Pasenadi, 波斯匿)의 아들이었다. 붓다는 한역 『증일아함경』 제3권 제6 「청신사품(淸信士品)」에서 그를 "성스러운 무리를 받들어 공양하되 뜻이 언제나 평등한 이(供奉聖衆 意恒平等)"(T 2, p.560a)라고 칭찬했다. 그러나 불행하게도 빠세나디의 왕위를 계승한 배다른 형제 비두다바(Viḍūḍabha, 毘琉璃王)가 석가족을 멸망시킬 때, 자신을 도와주지 않았다는 이유로 제따왕자를 죽여 버렸다. (DPPN Ⅰ, p.963 참조.)

19. 수닷따(Sudatta)의 음사.

20. 『잡아함경』 제16권 제435경(T2, p.112c), "一時, 佛住舍衛國祇樹給孤獨

園. 時, 須達長者往詣佛所, 稽首佛足, 於一面坐. 白佛言: "世尊! 此四聖諦為漸次無間等? 為一頓無間等?" 佛告長者: "此四聖諦漸次無間, 非頓無間等." 佛告長者: "若有說言於苦聖諦未無間等, 而於彼苦集聖諦‧苦滅聖諦‧苦滅道跡聖諦無間等者, 此說不應. 所以者何? 若於苦聖諦未無間等, 而欲於苦集聖諦‧苦滅聖諦‧苦滅道跡聖諦無間等者, 無有是處."

21. 『잡아함경』 제16권 제436경(T2, p.113a), "如有四登階道, 昇於殿堂, 若有說言不登初階, 而登第二‧第三‧第四階昇堂殿者, 無有是處. 所以者何? 要由初階, 然後次登第二‧第三‧第四階得昇殿堂.'"

22. 『잡아함경』 제12권 제296경(T2, p.84b), "若佛出世, 若未出世, 此法常住, 法住法界. 彼如來自所覺知, 成等正覺, 爲人演說, 開示顯發."

23. 『잡아함경』 제12권 제299경(T2, p.85b), "緣起法者, 非我所作, 亦非餘人作. 然彼如來出世及未出世, 法界常住, 彼如來自覺此法, 成等正覺, 為諸衆生分別演說, 開發顯示."

24. 『중아함경』 제7권 제30 「상적유경」(T1, p.467a), "若見緣起便見法, 若見法便見緣起."

25. 「了本生死經」(T16, 815b), "若比丘見緣起為見法, 已見法為見我."

26. 깟짜나(Kaccāna) 혹은 깟짜야나(Kaccāyana)의 음사.

27. 『잡아함경』 제10권 제262경(T2, p.67a), "迦旃延! 如來離於二邊, 說於中道, 所謂此有故彼有, 此生故彼生, 謂緣無明有行, 乃至生‧老‧病‧死‧憂‧悲‧惱‧苦集; 所謂此無故彼無, 此滅故彼滅, 謂無明滅則行滅, 乃至生‧老‧病‧死‧憂‧悲‧惱‧苦滅."

28. 『잡아함경』 제10권 제262경(T2, p.67a), "此有故彼有, 此生故彼生. 此無故彼無, 此滅故彼滅." 이에 대응하는 니까야의 내용은 다음과 같다.
SN Ⅱ, p.28, p.65, p.70, 78; Udāna p.2; MN Ⅰ, p.262, p.264; Ⅲ, p.63,

"Imasmiṁ sati idaṁ hoti, Imassuppādā idaṁ uppajjati. Imasmiṁ asati idaṁ na hoti, Imassa nirodhā idaṁ nirujjhati."

29. 마하꼿티따(Mahākoṭṭhita)의 음사. 마하꼿티따는 『앙굿따라 니까야』에서는 '지장(支障) 없는 배당(配當)을 찬양하기로 제일인 자'(AN Ⅰ, p.24)로 묘사되어 있다. 한편 한역 『증일아함경』 제3권 제4 「제자품」에서는 "네 가지 변재를 얻어 어려운 질문에도 곧 대답하는 이"(T2, p.557b)로 묘사되어 있다.

30. 『잡아함경』 제12권 제288경(T2, p.81a-b), "尊者摩訶拘絺羅答言:"今當說譬, 如智者因譬得解. 譬如三蘆立於空地, 展轉相依, 而得豎立, 若去其一, 二亦不立, 若去其二, 一亦不立, 展轉相依, 而得豎立, 識緣名色亦復如是. 展轉相依, 而得生長.""

31. SN Ⅱ, p.112.

32. 『증일아함경』 제46권 제5경(T2, p.797b), "世尊告曰:"彼云何名為因緣之法? 所謂無明緣行, 行緣識, 識緣名色, 名色緣六入, 六入緣更樂, 更樂緣痛, 痛緣愛, 愛緣受, 受緣有, 有緣生, 生緣死, 死緣憂·悲·苦·惱·不可稱計. 如是成此五陰之身.""

33. 『증일아함경』 제46권 제5경(T2, p.797b), "彼云何名為無明? 所謂不知苦, 不知習, 不知盡, 不知道, 此名為無明. 彼云何名為行? 所謂行者有三種. 云何為三? 所謂身行·口行·意行, 是謂為行. 彼云何名為識? 所謂六識身是也. 云何為六? 所謂眼·耳·鼻·舌·身·意識, 是謂為識. 云何名為名? 所謂名者, 痛·想·念·更樂·思惟, 是為名. 彼云何為色? 所謂四大身及四大身所造色, 是謂名為色. 色異·名異·故曰名色. 彼云何六入? 內六入. 云何為六? 所謂眼·耳·鼻·舌·身·意入, 是謂六入. 彼云何名為更樂? 所謂六更樂身. 云何為六? 所謂眼·耳·鼻·舌·身·意更樂, 是謂名為更樂. 彼云何

為痛? 所謂三痛. 云何為三? 所謂樂痛・苦痛・不苦不樂痛. 是謂名為痛. 彼云何名為愛? 所謂三愛身是也. 欲愛・有愛・無有愛. 云何為受? 所謂四受是. 云何為四? 所謂欲受・見受・戒受・我受, 是謂四受. 彼云何為有? 所謂三有. 云何為三? 欲有・色有・無色有, 是名為有. 彼云何為生? 所謂生者, 等具出家, 受諸有, 得五陰, 受諸入, 是謂為生. 彼云何為老? 所謂彼彼衆生, 於此身分, 齒落髮白, 氣力劣竭, 諸根純熟, 壽命日衰, 無復本識, 是謂為老. 云何為死? 所謂彼彼衆生, 展轉受形, 身體無煗, 無常變易, 五親分張, 捨五陰身, 命根斷壞, 是謂為死. 比丘當知, 故名為老・病・死."

34. 『잡아함경』 제22권 제590경(T2, p.156c), "所謂是事有故是事有, 是事起故是事起. 謂緣無明行, 緣行識, 緣識名色, 緣名色六入處, 緣六入處觸, 緣觸受, 緣受愛, 緣愛取, 緣取有, 緣有生, 緣生老・死・憂・悲・惱・苦. 如是純大苦聚集."

35. 『잡아함경』 제22권 제590경(T2, p.156c), "如是無明滅則行滅, 行滅則識滅, 識滅則名色滅, 名色滅則六入處滅, 六入處滅則觸滅, 觸滅則受滅, 受滅則愛滅, 愛滅則取滅, 取滅則有滅, 有滅則生滅, 生滅則老・死・憂・悲・惱・苦滅, 如是如是純大苦聚滅."

36. 『장아함경』 제1권 제1「대본경」(T1, p.7b-c), "於時, 菩薩復自思惟: '何等無故老死無? 何等滅故老死滅?' 卽以智慧觀察所由. …… 菩薩思惟: '苦陰滅時, 生智・生眼・生覺・生明・生通・生慧・生證.' 爾時, 菩薩逆順觀十二因緣, 如實知, 如實見已, 卽於座上成阿耨多羅三藐三菩提."

37. 『잡아함경』 제15권 제369경(T2, p.101b), "爾時, 世尊告諸比丘: "昔者毘婆尸佛未成正覺時, 住菩提所, 不久成佛, 詣菩提樹下, 敷草為座, 結跏趺坐, 端坐正念, 一坐七日, 於十二緣起逆順觀察, 所謂此有故彼

有, 此起故彼起, 緣無明行, 乃至緣生有老死, 及純大苦聚集, 純大苦聚滅.""
38. 水野弘元, 『原始佛敎』(京都: 平樂寺書店, 1956), pp.170-171.
39. 普光 述, 『俱舍論記』 제1권(T41, p.1b), "若順此印卽是佛經, 若違此印卽非佛說."
40. O. von Hinüber and K. R. Norman (ed), *Dhammapada* (Oxford: PTS, 1995), v.277-279.
41. David J. Kalupahana, *Buddhist Philosophy: A Historical Analysis* (Honolulu: the University Press of Hawaii, 1976), p.36.
42. G. P. Malalasekera ed. "Anicca" *Encyclopaedia of Buddhism* (Colombo: Government of Ceylon) Vol. Ⅰ, p.657.
43. Dhp. v.277-279, "sabbe saṅkhārā aniccā'ti yadā paññāya passati, atha nibbindati dukkhe; esa maggo visuddhiyā. sabbe saṅkhārā dukkhā'ti yadā paññāya passati, atha nibbindati dukkhe; esa maggo visuddhiyā. sabbe saṅkhārā anattā'ti yadā paññāya passati, atha nibbindati dukkhe; esa maggo visuddhiyā."; *Theragāthā*, v.676-679.
44. 『잡아함경』 제1권 제9경(T2, p.2a), "色無常, 無常卽苦, 苦卽非我, 非我者亦非我所. 如是觀者, 名眞實正觀. 如是受·想·行·識無常, 無常卽苦, 苦卽非我, 非我者亦非我所, 如是觀者, 名眞實觀."
45. 찬나는 붓다의 마부로 같이 출가한 사람이다. 붓다와 같은 날 태어난 것으로 알려져 있으며, 출가 후에도 수행에 전념하지 않고 다른 수행자들에게 피해를 입힌 것으로 되어 있다. 그래서 붓다는 입멸 직전 찬나에게 '브라흐마단다(brahmādaṇḍa, 梵壇罰)'를 부과하라고 아난다 존자에게 당부했다. 아무도 그와 상대하지 말라는 것이다. 오늘날의 '왕따'와 같은 벌이다.

46. 『잡아함경』 제10권 제262경(T2, p.66b), "色無常, 受・想・行・識・無常, 一切行無常, 一切法無我, 涅槃寂滅."
47. SN Ⅲ, p.132, "Rūpaṃ kho āvuso Channa aniccaṃ, vedanā aniccā, saññā aniccā, saṅkhārā aniccā, viññāṇam aniccaṃ. Rūpaṃ anattā, vedanā, saññā, saṅkhārā, viññāṇam anattā. Sabbe saṅkhārā aniccā, sabbe dhammā anattā ti."
48. 오수음(五受陰)은 오취온(五取蘊, pañca-upādānakkhandhā)의 다른 번역이다.
49. 『잡아함경』 제5권 제110경(T2, p.35c), "我實常敎諸弟子, 令隨順法敎, 令觀色無我. 受・想・行・識無我, 觀此五受陰如病, 如癰・如刺・如殺, 無常・苦・空・非我."
50. 악기베싸나(Aggivessana)는 바라문 종족의 이름이다. 그들은 바라문 사제들만의 고유한 복장을 착용하고 있었기 때문에 외모만으로 알아볼 수 있었던 것 같다. 그래서 붓다는 삿짜까 니간타뿟따(Saccaka Nigaṇṭhāputta)를 그렇게 불렀다.
51. MN Ⅰ, p.230, "Evaṁ kho ahaṁ Aggivessana sāvake vinemi, evaṁbhāgā ca pana me sāvakesu anusāsanī bahulā pavattati: Rūpaṁ bhikkhave aniccaṁ, vedanā aniccā, saññā aniccā, saṅkhārā aniccā, viññāṇaṁ aniccaṁ; rūpaṁ bhikkhave anattā, vedanā anattā, saññā anattā, saṅkhārā anattā, viññāṇaṁ anattā; sabbe saṅkhārā aniccā, sabbe dhammā anattā ti. Evaṁ kho ahaṁ Aggivessana sāvake vinemi, evaṁbhāgā ca pana me sāvakesu anusāsanī bahulā pavattatīti."
52. 수(受, vedanā)의 다른 번역이다.
53. 오성음(五盛陰)은 오취온의 다른 번역이다.
54. 『증일아함경』 제30권 제10경(T2, p.715c), "佛告尼健子: "我之所說, 色者無常, 無常卽是苦, 苦者卽是無我, 無我者卽是空, 空者彼非我有, 我

非彼有; 痛・想・行・識及五盛陰皆悉無常, 無常卽是苦, 苦者無我, 無我者是空, 空者彼非我有, 我非彼有. 我之教誡其義如是.'"

55. 『증일아함경』 제35권 제4경(T2, p.745c), "色者無常, 其無常者卽是苦也. 苦者無我, 無我者空. 以空無我彼空. 如是智者之所觀也. 痛・想・行・識亦復, 無常・苦・空・無我. 其實空者彼無我空. 如是智者之所學也. 此五盛陰皆空皆寂, 因緣合會皆歸於磨滅, 不得久住. 八種之道, 將從有七, 我師所說正謂此耳."

56. 『잡아함경』 제1권 제1경(T2, p.1a), "如是, 比丘! 心解脫者, 若欲自證, 則能自證: 我生已盡, 梵行已立, 所作已作, 自知不受後有. 如觀無常, 苦・空・非我亦復如是." 이와 같은 내용과 형식을 가진 경전은 다음과 같다. 『잡아함경』 제1권 제2경; 『잡아함경』 제5권 제104경; 『잡아함경』 제5권 제109경; 『잡아함경』 제6권 제127경; 『잡아함경』 제7권 제186경; 『잡아함경』 제10권 제259경; 『잡아함경』 제10권 제265경; 『잡아함경』 제12권 제291경; 『잡아함경』 제43권 제1175경; 『증일아함경』 제26권 제1 「等見品 34」 등이다.

57. SN Ⅲ, p.21.

58. 『증일아함경』 제18권 제8경(T2, p.639a), "今有四法本末, 我躬自知之, 而作證於四部之眾・天上・人中. 云何為四? 一者一切諸行皆悉無常, 我今知之, 於四部之眾・天上・人中而作證; 二者一切諸行苦; 三者一切諸行無我; 四者涅槃休息. 我今知之, 於四部之眾, 於天上・人中而作證."

59. AN Ⅱ, pp.176-177.

60. 『잡아함경』 제35권 제972경(T2, p.251a-b).

61. 『증일아함경』 제23권 제4경(T2, p.668c), "欲得免死者, 當思惟四法本. 云何為四? 一切行無常, 是謂初法本, 當念修行. 一切行苦, 是為第二

法本, 當共思惟. 一切法無我, 此第三法本, 當共思惟. 滅盡爲涅槃, 是爲第四法本, 當共思惟."

62. 다섯 비구(五比丘)는 붓다가 성도(成道) 후 최초로 법을 설한 다섯 제자를 일컫는 말이다. 다섯 비구는 꼰단냐(Koṇḍañña, 憍陳如), 마하나마 (Mahānāma, 摩訶那摩, 摩訶男), 밥빠(Vappa, 婆破, 婆濕婆), 앗사지(Assaji, 阿說示, 馬勝), 밧디야(Bhaddhiya, 跋提伽, 婆提) 등이다.

63. 『잡아함경』제2권 제34경(T2, pp.7c-8a), "爾時, 世尊告餘五比丘: "色非有我. 若色有我者, 於色不應病・苦生, 亦不得於色欲令如是・不令如是. 以色無我故, 於色有病・有苦生, 亦得於色欲令如是・不令如是; 受・想・行・識亦復如是. 比丘! 於意云何? 色爲是常・爲無常耶?"比丘白佛: "無常, 世尊!""比丘! 若無常者, 是苦耶?"比丘白佛: "是苦, 世尊!""比丘! 若無常・苦, 是變易法, 多聞聖弟子寧於中見是我・異我・相在不?"比丘白佛: "不也, 世尊!""受・想・行・識亦復如是. 是故, 比丘! 諸所有色, 若過去・若未來・若現在, 若內・若外, 若麤・若細, 若好・若醜, 若遠・若近, 彼一切非我・非我所, 如實觀察; 受・想・行・識亦復如是. 比丘! 多聞聖弟子於此五受陰見非我・非我所, 如是觀察, 於諸世間都無所取, 無所取故無所著, 無所著故自覺涅槃: 我生已盡, 梵行已立, 所作已作, 自知不受後有."佛說此經已, 餘五比丘不起諸漏, 心得解脫."

64. 水野弘元, 앞의 책, p.119.

65. 無記(avyākata)란 '기술하거나 설명할 수 없는 것', 즉 '기술하는 것도 설명하는 것도 불가능한 것'이라는 의미이다. K. N. Jayatilleke, *Early Buddhist Theory of Knowledge* (London: George Allen & Unwin, 1963), pp.470-476 참조.

66. 『잡아함경』제13권 제319경(T2, p.91a-b), "一時, 佛住舍衛國祇樹給孤

獨園. 時, 有生聞婆羅門往詣佛所, 共相問訊, 問訊已, 退坐一面, 白佛言: "瞿曇! 所謂一切者, 云何名一切?" 佛告婆羅門: "一切者, 謂十二入處, 眼色·耳聲·鼻香·舌味·身觸·意法, 是名一切. 若復說言此非一切, 沙門瞿曇所說一切, 我今捨, 別立餘一切者, 彼但有言說, 問已不知, 增其疑惑. 所以者何? 非其境界故.'"

67. 『잡아함경』 제16권 제452경(T2, p.116a), "爾時, 世尊告諸比丘: "緣種種界生種種觸, 緣種種觸生種種受, 緣種種受生種種愛. 云何種種界? 謂十八界, 眼界·色界·眼識界, 乃至意界·法界·意識界, 是名種種界. 云何緣種種界生種種觸, 乃至云何緣種種受生種種愛? 謂緣眼界生眼觸, 緣眼觸生眼觸生受, 緣眼觸生受生眼觸生愛. 耳·鼻·舌·身·意界緣生意觸, 緣意觸生意觸生受, 緣意觸生受生意觸生愛. 諸比丘! 非緣種種愛生種種受, 非緣種種受生種種觸, 非緣種種觸生種種界, 要緣種種界生種種觸, 緣種種觸生種種受, 緣種種受生種種愛, 是名比丘緣種種界生種種觸, 緣種種觸生種種受, 緣種種受生種種愛.'"

68. 『잡아함경』 제11권 제273경(T2, T2, p.72c), "比丘! 譬如兩手和合相對作聲. 如是緣眼·色, 生眼識, 三事和合觸, 觸俱生受·想·思. 此等諸法非我·非常, 是無常之我, 非恒·非安隱·變易之我. 所以者何? 比丘! 謂生·老·死·沒·受生之法. …… 如眼, 耳·鼻·舌·身·意法因緣生意識, 三事和合觸, 觸俱生受·想·思, 此諸法無我·無常, 乃至空我·我所."

69. 오개(五蓋, pañca-nīvaraṇāni)는 '다섯 가지 덮개'라는 뜻이다. 이것을 오장(五障, pañca-āvaraṇāni), 즉 '다섯 가지 장애'라고도 한다. 수행의 다섯 가지 장애란 ①감각적 욕망(kamacchanda, 愛欲), ②악의 혹은 분노(vyāpāda, 瞋恚), ③해태와 혼침(thīna-middha, 昏沈睡眠), ④들뜸과 후회

(uddhacca-kukkucca, 掉擧惡作), ⑤회의적 의심(vicikicca, 疑)을 말한다.

70. 각(覺)은 빨리어 '웨다나(vedanā)'를 번역한 것이다. '느낌'이라는 뜻이다. '수(受)'로 주로 번역된다.

71. 『중아함경』제24권 제98 「염처경」(T1, p.582b), "有一道淨眾生, 度憂畏, 滅苦惱, 斷啼哭, 得正法, 謂四念處. 若有過去諸如來・無所著・等正覺, 悉斷五蓋・心穢・慧羸, 立心正住於四念處, 修七覺支, 得覺無上正盡之覺. 若有未來諸如來・無所著・等正覺, 悉斷五蓋・心穢・慧羸, 立心正住於四念處, 修七覺支, 得覺無上正盡之覺. 我今現在如來・無所著・等正覺, 我亦斷五蓋・心穢・慧羸, 立心正住於四念處, 修七覺支, 得覺無上正盡之覺. 云何為四? 觀身如身念處, 如是觀覺・心・法如法念處."

72. 『잡아함경』제31권 제879경(T2, p.221b), "爾時, 世尊告諸比丘: "有四正斷. 何等為四? 一者斷斷, 二者律儀斷, 三者隨護斷, 四者修斷. 云何斷斷? 若比丘已起惡不善法斷, 生欲・方便・精勤・攝受; 未起惡不善法不起, 生欲・方便・精勤・攝受; 未生善法令起, 生欲・方便・精勤・攝受; 已生善法增益修習, 生欲・方便・精勤・攝受, 是名斷斷. 云何律儀斷? 若比丘善護眼根, 隱密・調伏・進向; 如是耳・鼻・舌・身・意根善護・隱密・調伏・進向, 是名律儀斷. 云何隨護斷? 若比丘於彼彼真實三昧相善守護持, 所謂青瘀相・脹相・膿相・壞相・食不盡相, 修習守護, 不令退沒, 是名隨護斷. 云何修斷? 若比丘修四念處等, 是名修斷.""

73. 『잡아함경』제21권 제561경(T2, p.147b), "婆羅門! 如來・應・等正覺所知所見, 說四如意足, 以一乘道淨眾生・滅苦惱・斷憂悲. 何等為四? 欲定斷行成就如意足, 精進定・心定・思惟定斷行成就如意足. 如是, 聖弟子修欲定斷行成就如意足, 依離・依無欲・依出要・依滅・向於

捨, 乃至斷愛, 愛斷已, 彼欲亦息. 修精進定‧心定‧思惟定斷行成就, 依離‧依無欲‧依出要‧依滅‧向於捨, 乃至愛盡. 愛盡已, 思惟則息."

74. 『잡아함경』 제26권 제646경(T2, p.182b), "爾時, 世尊告諸比丘: "有五根. 何等為五? 謂信根‧精進根‧念根‧定根‧慧根. 信根者, 當知是四不壞淨; 精進根者, 當知是四正斷; 念根者, 當知是四念處; 定根者, 當知是四禪; 慧根者, 當知是四聖諦.""

75. 『잡아함경』 제26권 제647경(T2, p.182b-c), "爾時, 世尊告諸比丘: "有五根. 何等為五? 謂信根‧精進根‧念根‧定根‧慧根. 何等為信根? 若比丘於如來所起淨信心, 根本堅固, 餘沙門‧婆羅門‧諸天‧魔‧梵‧沙門‧婆羅門, 及餘世間, 無能沮壞其心者, 是名信根. 何等為精進根? 已生惡不善法令斷, 生欲‧方便‧攝心‧增進; 未生惡不善法不起, 生欲‧方便‧攝心‧增進; 未生善法令起, 生欲‧方便‧攝心‧增進; 已生善法住不忘, 修習增廣, 生欲‧方便‧攝心‧增進, 是名精進根. 何等為念根? 若比丘內身身觀住, 慇懃方便, 正念正智, 調伏世間貪憂; 外身‧內外身, 受‧心‧法法觀念住亦如是說, 是名念根. 何等為定根? 若比丘離欲惡不善法, 有覺有觀, 離生喜樂, 乃至第四禪具足住, 是名定根. 何等為慧根? 若比丘苦聖諦如實知, 苦集聖諦‧苦滅聖諦‧苦滅道跡聖諦如實知, 是名慧根.""

76. 빨리어 '빳삿디 삼보장가(passaddhi-sambojjhaṅga)'를 번역한 것이다. '빳삿디'는 '평온(tranquillity)', '고요(clam)'라는 뜻인데, '경안각지(輕安覺支)' 혹은 '의각지(猗覺支)'로 번역되었다. 『상윳따 니까야』에서는 '몸의 평온(kāya-passaddhi)'과 '마음의 평온(citta-passaddhi)'을 구분했다. 〔SN V, p.66, p.104〕 의각지는 앞의 희각지(喜覺支, piti-sambojjhaṅga)와 관련이 있다.

77. 『잡아함경』 제27권 제715경(T2, p.192a-c).

78. DN Ⅱ, p.251.
79. 『잡아함경』 제28권 제785경(T2, pp.203a-204a).
80. 빠띠목카(pātimokkha)의 음사. 별해탈(別解脫)이라고도 번역된다. 계본(戒本)을 말한다.
81. 『잡아함경』 제30권 제832경(T2, p.213c), "爾時, 世尊告諸比丘: "有三學. 何等為三? 謂增上戒學·增上意學·增上慧學. 何等為增上戒學? 若比丘住於戒波羅提木叉, 具足威儀行處, 見微細罪則生怖畏, 受持學戒, 是名增上戒學. 何等為增上意學? 若比丘離諸惡不善法, 有覺有觀, 離生喜樂, 初禪具足住, 乃至第四禪具足住, 是名增上意學. 何等為增上慧學? 若比丘此苦聖諦如實知, 此苦集聖諦·此苦滅聖諦·此苦滅道跡聖諦如實知, 是名增上慧學.""
82. 『잡아함경』 제29권 제825경(T2, p.211c), "爾時, 世尊告諸比丘: "學戒多福利, 住智慧為上, 解脫堅固, 念為增上. 若比丘學戒福利, 智慧為上, 解脫堅固, 念增上已, 令三學滿足. 何等為三? 謂增上戒學·增上意學·增上慧學." 爾時, 世尊即說偈言: "學戒隨福利, 專思三昧禪, 智慧為最上, 現生之最後, 牟尼持後邊, 降魔度彼岸.""
83. 『잡아함경』 제29권 제827경(T2, p.212a-b).
84. Vin I, p.10.
85. SN II, p.17.
86. SN II, p.38.
87. SN V, p.421; Vin 1, p.10.
88. 유(有)는 빨리어 atthitā를 번역한 것인데, 존재의 영원성을 뜻한다. 이것은 존재의 영원성에 바탕을 둔 철학적 이론, 즉 영원주의로 알려진 상견(常見, sassataditthi)을 뜻한다.
89. 무(無)는 빨리어 natthitā를 번역한 것인데, 존재의 불연속적인 허무성

(虛無性)을 뜻한다. 비존재(無)에 대한 견해란 우리에게 내세가 없다는 허무주의, 즉 단견(斷見, ucchedadiṭṭhi)을 말한다.

90. 『잡아함경』제12권 제301경(T2, pp.85c-86a), "佛告䠶陀迦旃延: "世間有二種依, 若有·若無, 為取所觸; 取所觸故, 或依有·或依無. 若無此取者, 心境繫著·使, 不取·不住, 不計我, 苦生而生, 苦滅而滅, 於彼不疑·不惑, 不由於他而自知, 是名正見, 是名如來所施設正見. 所以者何? 世間集如實正知見, 若世間無者, 不有; 世間滅如實正知見, 若世間有者, 無有. 是名離於二邊說於中道. 所謂此有故彼有, 此起故彼起, 謂緣無明行, 乃至純大苦聚集; 無明滅故行滅, 乃至純大苦聚滅.""

91. 『별역잡아함경』제10권 제195경(T2, p.444c), "復次, 阿難! 若說有我, 即墮常見; 若說無我, 即墮斷見. 如來說法, 捨離二邊, 會於中道, 以此諸法壞故不常, 續故不斷, 不常不斷."

제3장

상가
Saṅgha, 僧伽

1

세 가지 보배

불교의 세 가지 보배를 삼보(三寶)라고 한다. 삼보란 불교 신앙의 대상인 불(佛)·법(法)·승(僧)을 일컫는 말이다. 삼보는 불교를 형성하고 있는 세 가지 가장 기본적이고 근본적인 뼈대이다. 또한 삼보는 종교의 기본적 구성 요소인 교조(佛)·교리(法)·교단(僧)을 의미한다. 불교도란 삼보에 귀의한 자를 말한다. 『잡아함경』 제33권 제931경 「수습주경(修習住經)」에서는 삼보에 대해 이렇게 묘사하고 있다.

이른바 거룩한 제자는 여래에 대한 일, 즉 '여래(如來)·응공(應供)·등정각(等正覺)·명행족(明行足)·선서(善逝)·세간해(世間解)·무상사(無上士)·조어장부(調御丈夫)·천인사(天人師)·불

(佛)・세존(世尊)이시다'라고 생각해야 한다. ……

또 거룩한 제자는 법에 대한 일, 즉 '세존의 법과 율은 현재 세상에서 나고 죽는 치열한 번뇌를 여의며, 시절을 기다리지 않고 현재 세상을 통달하게 하며, 그러한 연(緣)으로 스스로 깨달아 안다'라고 생각해야 한다. ……

또 거룩한 제자는 승가에 대한 일, 즉 '세존의 제자는 착한 데로 향하고 바른 데로 향하며, 곧은 데로 향하고 정성스러운 데로 향하며, 수순하는 법을 실천한다. 그리하여 수다원으로 향하여(向須陀洹) 수다원이 되고, 사다함으로 향하여(向斯陀含) 사다함이 되며, 아나함으로 향하여(向阿那含) 아나함이 되고, 아라한으로 향하여(向阿羅漢) 아라한이 된다. 이것을 사쌍팔배(四雙八輩)의 성현이라고 한다. 이것을 이름하여 세존의 제자인 승가는 깨끗한 계율을 원만하게 갖추고, 삼매(三昧)를 원만하게 갖추며, 지혜(智慧)를 원만하게 갖추고, 해탈(解脫)을 원만하게 갖추며, 해탈지견(解脫知見)을 원만하게 갖추어, 응하는 곳마다 받들어 섬기고 공양을 받는 훌륭한 복전(福田)이 된다'라고 생각해야 한다.[1]

이 경전에서 붓다는 여러 제자들에게 삼보에 대해 생각해야 한다고 말했다. 그 이유를 다음과 같이 밝히고 있다.

    거룩한 제자가 이와 같이 생각할 때 탐욕의 번뇌가 일어나지 않고 성냄과 어리석은 마음이 일어나지 않는다. 그래서 그 마음이 정직해지므로 여래의 뜻을 알고 여래의 바른 법을 얻게 되며, 여래의 바른 법과 여래께서 증득하신 것에 대하여 기뻐하는 마음이 생긴다. 그렇게 기뻐하는 마음이 생긴 뒤에는 흐뭇해지고, 흐뭇해지고 나면 몸이 의지하여 쉬게 된다. 몸이 의지하여 쉬고 나면 감각이 즐거워지고, 감각이 즐거워지고 나면 마음이 고요해진다. 마음이 고요해지고 나면 그 거룩한 제자는 흉하고 험악한 중생들 속에서 모든 장애가 없이 법의 흐름에 들어가 마침내 열반에 들게 되느니라.[2]

이와 같이 생각할 때 탐욕의 번뇌가 일어나지 않고 성냄과 어리석은 마음이 일어나지 않는다. 그리하여 궁극에는 열반을 성취하게 된다는 것이다. 그러나 이 경전의 내용만으로는 삼보의 의미를 정확히 파악하기 어렵다. 삼보의 의미에 대해서는 보충 설명이 필요하다.

불교의 첫째 보배

불교의 첫째 보배(佛寶)는 붓다(Buddha, 佛陀)이다. 초기불교에서는 역사적으로 실존했던 사캬무니 붓다(Sakyamuni Buddha)를 신앙의 대상으로 삼는다. 사캬무니 붓다는 '아홉 가지 특성(九德)'을 갖춘 분으로 알려져 있다. 붓다의 아홉 가지 특성은 곧 '여래십호(如來十號)'를 말한 것이다. 앞에서 인용한 『잡아함경』 제33권 제931경 「수습주경(修習住經)」에 대응하는 니까야에는 이렇게 설해져 있다.

> 그분 세존께선 바로 아라한(應供)이시며, 완전히 깨달으신 분(正等覺者 또는 正遍知)이시며, 지혜와 실천이 구족하신 분(明行足)이시며, 피안으로 잘 가신 분(善逝)이시며, 세간을 잘 알고 계신 분(世間解)이시며, 가장 높으신 분(無上士)이시며, 사람을 잘 길들이는 분(調御丈夫)이시며, 하늘과 인간의 스승(天人師)이시며, 깨달으신 분(覺者) 세존이시다.[3]

이 경에서 열거한 붓다의 열 가지 호칭은 붓다의 덕성을 이해하는 데 필수적이다.

첫째, 응공(應供, arahant)이란 '존중과 공경을 받을 만한 가치가 있는 자'라는 뜻이다. 빨리어 아라한뜨(arahant)를 중국에서 아라한(阿羅漢)으로 음사했다. 아라한은 사람과 천인(人天)으로부터 공양을 받을 만한 자격이 있다는 말이다. 아라한을 진인(眞人), 살적(殺賊), 불생(不生), 지진(至眞), 무학(無學), 이악(離惡) 등으로 번역하기도 했다. 진인은 글자 그대로 '참사람'이라는 뜻이고, 살적은 일체 번뇌의 적을 죽였다는 뜻이다. 불생은 다음 생을 받지 않는다는 뜻이고, 지진(至眞)은 진리에 이르렀다는 뜻이다. 무학은 더 배울 것이 없다는 뜻이고, 이악(離惡)은 악을 멀리 떠났다는 뜻이다.

둘째, 정변지(正遍知, Sammāsambuddha)란 '완전히 깨달은 자'라는 뜻이다. 정등각자(正等覺者)로 번역하기도 한다. 이른바 사제(四諦)의 진리를 여실히 통달한 자라는 의미이다. 즉 괴로움(苦), 괴로움의 원인(集), 괴로움의 소멸(滅), 괴로움의 소멸로 이끄는 길(道)에 대한 이치를 통달했음을 뜻한다.

셋째, 명행족(明行足, Vijjācaraṇasampanna)이란 '지혜와 실천을 겸비한 자'라는 뜻이다. 명행족의 명(明)은 지혜를 말하고, 행(行)은 실천을 의미하며, 족(足)은 명과 행을 갖추었다는 뜻이다. 즉 붓다는 일생 동안 언행(言行)이 일치한 분이었다.

넷째, 선서(善逝, Sugata)란 '잘 건너간 자'라는 뜻이다. 피안의 저 언덕으로 건너가서 다시는 생사고해(生死苦海)에 돌아오지 않음을 의미한다. 선서를 '행복해진(sugata, 善逝) 사람'이라고 해석하기도 한다. 왜냐하면 붓다는 인간이 바라는 최상의 행복을 얻었기 때문이다.

다섯째, 세간해(世間解, Lokavidū)란 '세상을 잘 아는 자'라는 뜻이다. 지세간(知世間)이라고 번역하기도 한다. 일체 세간의 온갖 일을 다 안다는 말이다. 붓다가 세상을 안다는 것은 이 세상에서 일어나고 사라지는 모든 현상은 연기법(緣起法)임을 꿰뚫어 보았다는 의미이다.

여섯째, 무상사(無上士, Anuttara)란 '가장 높은 자'라는 뜻이다. 두 발 가진 이 가운데 가장 높은 분, 즉 양족존(兩足尊)을 의미한다.

일곱째, 조어장부(調御丈夫, Purisadamma-sārathi)란 '사람을 잘 길들이는 자'라는 뜻이다. 뿌리사(purisa)는 사람을 말하고, 담마(damma)는 '길들여져야 할' 대상을 말한다. 그리고 사라티(sārathi)는 마부(馬夫) 혹은 조어자(調御者)를 말한다. 붓다는 마치 '숙련된 조련사'처럼 사람들을 잘 제어하여 길들일 수 있는 자라는 뜻이다.

여덟째, 천인사(天人師, Satthā-devamanussānaṁ)란 '신과 인간의 스승'이라는 뜻이다. 붓다는 인간 세계의 스승일 뿐만 아니라 신들의 스승이기도 하기 때문이다.

아홉째, 불(佛, Buddha)이란 '깨달은 자'라는 뜻이다. '불타(佛陀)'라고 음사하기도 하지만, 붓다란 곧 '깨달은 자(覺者)'를 의미한다.

열째, 세존(世尊, Bhagavā)이란 '존귀한 자'라는 뜻이다. 글자 그대로 '세간에서 가장 존귀한 자'라는 의미이다.

위에서 열거한 열한 가지 명칭 중에서 붓다 자신을 일컫는 '여래'와 '깨달은 자'라는 의미의 보통명사인 '불(佛)'을 제외한 응공·정변지·명행족·선서·세간해·무상사·조어장부·천인사·세존을 가리켜 붓다의 아홉 가지 특성(九德)이라고 부른다. 여래는 붓다가 자기 자신을 지칭할 때 사용한 용어이기 때문에 붓다의 특성에 포함되지 않는다.

불교의 둘째 보배

불교의 둘째 보배(法寶)는 붓다의 가르침이다. 앞에서 인용한

『잡아함경』 제33권 제931경 「수습주경(修習住經)」에 대응하는 니까야에서는 법(法)에 대해 이렇게 묘사하고 있다.

> 세존께서 잘 설해 주신 법은, 당장에 공덕을 드러내며, 시간을 초월하여 타당하며, '와서 보라'는 권유이며, (열반에의) 길로 이끌어 주며, 지혜 있는 자 누구나 스스로 증득할 수 있는 것이다.[4]

이것을 '법의 여섯 가지 특징' 혹은 '여섯 가지 덕목'이라고 한다. 붓다의 가르침이 지니고 있는 기본적인 성격을 잘 표현한 것이라고 할 수 있다.

첫째는 '세존에 의해 잘 설해진 것(svākkhata, 世尊善說法)'이다. 이것은 '표현의 명료성'을 의미한다. 붓다 당시의 종교·사상가들은 어떤 문제에 대해 애매모호하게 답변하는 경우가 많았다. 그러나 붓다는 인식론적으로 이해할 수 없는 것에 대해서는 침묵(無記)했지만, 언어로 표현할 수 있는 것에 대해서는 언어로써 명료하게 표현했다. 그리고 붓다는 제자들에게 스승이 설했기 때문에 진리라고 판단해서는 안 되며, 스스로 검증해 보고 확인한 다음 받아들이라고 충고했다.[5] 이와 같이 붓다의 가르침은 만인에 의해 검증을 거쳤기 때문에 '잘 설해진 것'이라고 할 수 있다.

둘째는 '현실적으로 증험되는 것(sandiṭṭhika, 現見)'이다. 이것은 여기서 당장 확인할 수 있는 것'이라는 뜻이다. 붓다는 지금 여기서 경험할 수 없는 것, 즉 형이상학적인 문제에 대해서는 말하지 않았다. 왜냐하면 그러한 형이상학적인 문제는 경험의 영역을 벗어나 있기 때문이다.

셋째는 '시간을 지체하지 않는 것(akālika, 卽時的, 現生的)'이다. 이것은 그 결과가 즉시 나타난다는 것을 말한다. 즉 불교의 목적인 열반은 시간을 지체하지 않고 체험된다는 것이다.

넷째는 '와서 보라고 할 수 있는 것(ehipassika, 來見的)'이다. 이것은 '누구에게나 열려 있는 것' 또는 '열려 있는 진리'라는 뜻이다. 붓다의 가르침은 누구에게나 이해될 수 있는 성질의 것이다. 또 누구라도 실천함으로써 그 효과를 거둘 수 있는 내용이다. 결코 계시에 의지하지 않고는 알 수가 없다든지, 신앙의 힘에 매달리지 않으면 얻어질 수 없다든지, 또는 이방인에게는 베풀 수 없다든지 하는 그런 제한은 없다.

다섯째는 '열반으로 인도하는 것(opanayika, 引導涅槃)'이다. 이 부분을 글자 그대로 번역하면 '잘 인도하는 것'이라는 뜻이다.

그런데 불교의 궁극적 목표는 열반이기 때문에 일반적으로 '열반으로 인도하는 것'으로 번역한다.

여섯째는 '스스로 증득할 수 있는 것(paccataṁ veditabbo, 自證)'이다. 법이란 누구나 증득할 수 있는 것이다. 그러나 위의 경전에서는 '현명한 사람들(viññūhi, 識者)'에 의해 경험되는 것이라는 단서를 달고 있다. 즉 지혜 있는 자라면 누구나 스스로 증득할 수 있는 것이다.

이와 같이 법(法)이란 세존께서 잘 설해 준 진리로서 지혜 있는 자라면 누구나 스스로 증득할 수 있는 것임을 알 수 있다. 다시 말해서 이 법은 누구나 노력하기만 하면 이해할 수 있고, 또 깨달을 수 있는 것이다. 그리고 이 법을 깨닫기 위해 다겁생(多劫生)을 기다려야 한다는 개념이나 내생을 기약해야 한다는 관념은 전혀 없다.

이와 같이 붓다의 가르침이 지니는 기본적인 성격은 '법의 여섯 가지 특징' 혹은 '여섯 가지 덕목'으로 표현된다. 이른바 세존에 의해 잘 설해진 것(svākkhata, 世尊善說法)· 현실적으로 증험되는 것(sandiṭṭhika, 現見)· 시간을 지체하지 않는 것(akālika, 卽時的, 現生的)· 와서 보라고 할 수 있는 것(ehipassīka, 來見的)· 열반으로 인도하는 것(opanayika, 引導涅槃)· 스스로 증득할 수 있는 것(paccataṁ veditabbo, 自證)이다.

불교의 셋째 보배

불교의 셋째 보배(僧寶)는 붓다의 가르침을 따르는 공동체, 즉 승가를 말한다. 앞에서 인용한 『잡아함경』 제33권 제931경 「수습주경(修習住經)」에 대응하는 니까야에서는 승(僧)에 대해 이렇게 묘사하고 있다.

> 세존의 제자이신 스님들은 길을 잘 걷고 있으며, 길을 바르게 걷고 있으며, 길을 지혜롭게 걷고 있으며, 길을 충실하게 걷고 있으니, 저 네 쌍의 분들, 여덟 단계에 계신 분들이다. 이들 세존의 제자 분들은 공양 올려 마땅하며, 시중들어 마땅하며, 보시 들어 마땅하며, 합장드려 마땅한, 이 세상에 다시없는 복전(福田)이다.[6]

앞에서 인용한 『잡아함경』 제33권 제931경 「수습주경(修習住經)」에 나타난 바와 같이, 모름지기 승가의 일원인 출가자라면 다섯 가지의 수행 단계를 거쳐야 한다. 이른바 계행(戒, sīla)·삼매(定, samādhi)·지혜(慧, paññā)·해탈(解脫, vimutti)·해탈지견(解脫知見, vimuttiñāṇadassana)이다. 이러한 다섯 가지의 수행 단계를 완성한 자를 성자라고 부른다.

위의 니까야에 나타난 승(僧)은 네 가지 특징을 갖고 있다. 즉 그들은 행실이 바르며(supaṭipanno, 善行), 정직한 생활에 들어섰고(ujupaṭipanno, 正入), 올바른 방법으로 행하며(ñāyapaṭipanno, 正路), 이치에 맞는 생활을 한다(sāmīcipaṭipanno, 如法行)는 것이다.

만약 붓다의 제자들이 이러한 네 가지의 특징을 지니고 있다면 존경받을 만한 가치가 있다는 것이다. 그들은 붓다가 제시한 도덕적인 이상을 삶 속에서 구현코자 하는 사람들로서, 비할 나위 없이 훌륭한 '공덕의 터전(puññakkhetta, 福田)'을 세상을 위해 베푸는 것이기 때문이다.

이와 같이 붓다의 가르침에 따라 길을 가고 있는 제자의 무리를 상가(Saṅgha, 僧伽)라고 한다. 승가는 크게 두 가지 종류로 구분된다. 즉 세간의 승가(sammuti-saṅgha, 俗僧伽)와 성자의 승가(ariya-saṅgha, 聖僧伽)가 그것이다. 세간의 승가는 구족계를 받은 비구와 비구니의 승가를 말하고, 성자의 승가는 위없는 승가(gaṇa-uttama)로서 예류(預流)·일래(一來)·불환(不還)·아라한(阿羅漢)의 도(道)와 과(果)를 증득한 분들로 사쌍팔배(四雙八輩)를 뜻한다. 전자를 현전승가(現前僧伽), 후자를 사방승가(四方僧伽)로 이해해도 별 무리는 없을 것이다.

수행의 네 단계에 있는 성자, 즉 사쌍팔배를 수다원(須陀洹)·사다함(斯陀含)·아나함(阿那含)·아라한(阿羅漢) 등으로 번역하기도 한다.

첫째, 수다원(須陀洹)은 빨리어 소따빤나(sotāpanna)의 음사다. 예류(預流)·입류(入流)라고 번역된다. 욕계(欲界)·색계(色界)·무색계(無色界)의 견혹(見惑)을 끊은 성자를 말한다. 처음으로 성자의 계열에 들었으므로 예류·입류라고 한다. 이 경지를 수다원과(須陀洹果)·예류과(預流果), 이 경지에 이르기 위해 수행하는 단계를 수다원향(須陀洹向)·예류향(預流向)이라 한다.

둘째, 사다함(斯陀含)은 빨리어 사까다가민(sakadāgāmin)의 음사다. 일래(一來)라고 번역한다. 욕계(欲界)의 수혹(修惑)을 대부분 끊은 성자를 말한다. 그러나 이 성자는 그 번뇌를 완전히 끊지 못했기 때문에 한 번 천상의 경지에 이르렀다가 다시 인간계에 이르러 완전한 열반을 성취한다고 하여 '일래'라고 한다. 이 경지를 사다함과(斯陀含果)·일래과(一來果), 이 경지에 이르기 위해 수행하는 단계를 사다함향(斯陀含向)·일래향(一來向)이라 한다.

셋째, 아나함(阿那含)은 빨리어 아나가민(anāgāmin)의 음사다. 불환(不還)·불래(不來)라고 번역한다. 욕계의 수혹(修惑)을 완전히 끊은 성자를 말한다. 이 성자는 미래에 색계·무색계의 경지에 이르고 다시 욕계로 되돌아오지 않는다고 하여 불환(不還)이라 한다. 이 경지를 아나함과(阿那含果)·불환과(不還果), 이 경지에 이르기 위해 수행하는 단계를 아나함향(阿那含向)·불환향(不還向)이라 한다.

넷째, 아라한(阿羅漢)은 범어 아르하뜨(arhat)의 주격 아르한(arhan) 혹은 빨리어 아라한뜨(arahant)의 주격 아라항(araham) 혹은 아라하(arahā)의 음사다. 성문(聲聞)들 가운데 최고의 성자, 욕계·색계·무색계의 모든 번뇌를 완전히 끊어 열반을 성취한 성자, 이 경지를 아라한과(阿羅漢果), 이 경지에 이르기 위해 수행하는 단계를 아라한향(阿羅漢向)이라 한다.

이러한 사향사과(四向四果)의 성자를 아리야 상가(ariya-saṅgha, 聖僧伽)라고 한다. 그러나 이러한 아리야 상가를 위해 나아가고 있는 비구·비구니를 사뭇띠 상가(sammuti-saṅgha, 俗僧伽)라고 한다.

# 2
늘 삼보를 생각하라

『잡아함경』 제35권 제980경 「염삼보경(念三寶經)」에서 붓다는 여러 상인들에게 어려움이 있을 때마다 '늘 삼보를 생각하라'고 가르쳤다. 경전에는 이렇게 기술되어 있다.

세존께서 그 상인들에게 말씀하셨다.
"당신들은 넓은 벌판을 가다가 온갖 두려움이 생겨 마음이 놀라 온몸의 털이 곤두서거나 할 때에는 마땅히 여래에 대한 일을 생각해야 하나니, 곧 '여래 · 응공 · 등정각 …… 불 · 세존이시다'라고 그와 같이 생각하면, 두려움은 곧 사라지게 될 것이오.
또 법에 대한 일, 즉 '부처님의 바른 법과 계율은 능히 현재 세계에서 번뇌를 여의어 시간을 기다리지 않고도 통달하고 친

근할 것이고, 그러한 인연으로 스스로 깨달아 알게 될 것이다'
라고 그렇게 기억하시오.

또 승가에 대한 일, 즉 '세존의 제자들은 착하고 바른 곳으로
나아가며, …… 세존의 복밭이다'라고 그렇게 기억하시오. 이렇
게 기억하는 사람은 두려움이 곧 없어지게 될 것이오.

과거 세상에 제석천과 아수륜(阿須輪)[7]이 서로 싸운 일이 있
었소. 그때에 제석천(天帝釋)이 여러 하늘들에게 말하였소.

'너희들이 아수륜과 싸울 때에 두려움이 생기거든 꼭 나의
최복당(摧伏幢)이라는 깃발을 기억하라. 그 깃발을 기억하면
곧 두려움이 없어질 것이다. 만일 내 깃발을 기억하지 못하겠
거든 이사나(伊舍那)[8] 천자의 깃발을 생각하라. 만일 이사나 천
자의 깃발을 기억하지 못하겠거든 바류나(婆留那)[9] 천자의 깃
발을 기억하라. 그 깃발을 기억하면 두려움이 곧 사라지게 될
것이다.'

이와 같나니 여러 상인들이여, 당신들이 넓은 벌판으로 가
다가 두려움이 생기거든 여래나 법이나 승가의 일을 기억하시
오."[10]

위 경전은 붓다가 웨살리(Vesāli, 毘舍利) 교외의 중각강당(重閣

講堂)에 머물고 있을 때, 여러 상인들에게 설한 것이다. 그때 많은 상인들은 대상(隊商)을 조직하여 무역을 하기 위해 딱까실라(Takkasilā, 怛刹尸羅)로 떠날 채비를 서두르고 있었다. 그들은 먼 길을 떠나기 전 붓다를 친견하고 설법을 들었다. 붓다는 그들에게 여행 중 어려움을 만나거나 두려움이 생길 때마다 '늘 삼보를 생각하라'고 일러주었다. 마치 전쟁터에서 두려움이 생기면 천자의 깃발을 생각하면 두려움이 사라지는 것과 같기 때문이다.

또한 『잡아함경』 제35권 제981경 「당경(幢經)」에서 붓다는 제자들에게도 수행 중 두려운 마음이 생기면 '늘 삼보를 생각하라'고 가르쳤다.

그때 세존께서 모든 비구들에게 말씀하셨다.
"만일 비구가 텅 비고 한적한 곳이나 나무 밑이나 빈집에 있을 때 두려움이 생겨 마음이 놀라서 온몸의 털이 곤두서거든 마땅히 여래와 법과 승가에 대한 일을 기억하라. …… 여래와 법과 승가에 대한 일을 기억하면 두려움은 곧 없어질 것이다.
비구들이여, 과거 세상에 석제환인(釋提桓因)과 아수라가 싸운 적이 있었다. 그때 제석천이 삼십삼천(三十三天)들에게 말했다.

'여러 인자(仁者)들이여, 하늘과 아수라가 싸울 때 두려움이 생겨 마음이 놀라서 온몸의 털이 곤두서거든 그대들은 마땅히 나의 적을 무찌르는 깃발을 기억하라. 그 깃발을 기억하면 곧 두려움이 없어질 것이다.'

그와 같이 비구들이여, 만일 텅 비고 한적한 곳이나 나무 밑이나 빈집에서 두려움이 생겨 마음이 놀라 온몸의 털이 곤두서거든 마땅히 여래를 기억해야 하나니, 즉 '여래·응공·등정각 …… 불·세존이시다'라고 생각하라. 그렇게 생각하면 두려움이 곧 없어질 것이다. 왜냐하면 저 천제석(天帝釋)은 탐욕·성냄·어리석음을 품고 있어서 태어남·늙음·병듦·죽음·근심·슬픔·번민의 괴로움에서 해탈하지 못하였기 때문에 두려워하고 무서워하여 도망치고 피해 가면서도 오히려 삼십삼천들에게 말하기를 '나의 적을 무찌르는 깃발을 기억하라'고 하였거늘, 하물며 여래·응공·등정각 …… 불·세존은 탐욕·성냄·어리석음을 여의었고, 태어남·늙음·병듦·죽음·근심·슬픔·번민의 괴로움에서 해탈하여, 어떤 두려움과 무서움도 없어 도망치거나 피하는 일이 없거늘, 그 여래를 기억함으로 해서 모든 두려움을 없애지 못할 이치가 있겠는가?"[11]

이와 같이 비구들이 한적한 곳에서 수행할 때에도 두려운 마음이 생기면 '늘 삼보를 생각하라'고 했다. 그러면 두려운 마음은 곧 사라지게 되기 때문이다.

3
사문이란 무엇인가

여기서 우리는 진정한 수행자, 즉 '사문(沙門)이란 무엇인가?'에 대해 생각해 보자. 『장아함경』 제1권 제1 「대본경(大本經)」에는 과거 비바시불의 태자 시절에 출가하게 된 동기에 관한 기록이 있다. 태자가 처음으로 성문(城門) 밖으로 나가 사문을 보게 되었다. 그때 태자가 곧 마부에게 물었다. "저 사람은 어떤 사람인가?" "저 사람은 사문입니다." "어떤 사람을 사문이라 하는가?" 마부가 태자에게 말했다.

사문이란 모든 은혜와 사랑을 끊고 집을 떠나 도를 닦는 사람입니다. 그는 모든 감각 기관을 잘 제어하여 바깥 욕망에 물들지 않고 자비스런 마음으로 어떤 생명도 해치지 않습니다.

괴로움을 당해도 슬퍼하지 않고 즐거움을 만나도 기뻐하지 않으며, 모든 것을 잘 참는 것이 마치 대지(大地)와 같습니다. 그러므로 사문이라 합니다.[12]

그때 태자는 훌륭하다고 감탄했다. 그러고는 기쁜 마음으로 그 사문에게 다가가서 "그대는 수염과 머리를 깎고 법의를 입고 발우를 들었구나. 마음에 구하는 것이 무엇인가?"라고 물었다. 그러자 그 사문은 다음과 같이 대답했다.

출가자란 마음을 길들여 항복받아서 영원히 번뇌를 여의고자 하며, 자비심으로 모든 생물을 사랑하여 침노하거나 해치지 않고, 마음을 비워 고요하게 하며 적막함 속에서 오로지 도 닦기만을 힘쓰는 사람입니다.[13]

이 말을 듣고 태자는 곧 수염과 머리를 깎고 세 가지 법의를 입고 수도 생활에 들어갔다고 한다. 위 내용은 비록 과거 비바시불의 태자 시절에 관한 설화로 구성되어 있지만, 붓다 자신이 태자 시절에 처음으로 목격한 사문의 이미지를 형상화한 것으로 보인다. 어쨌든 위의 경에 언급된 것이야말로 진정한 수행자상임은 말할 나위 없다.

또한 『잡아함경』 제9권 제245경 「사품법경(四品法經)」에서 붓다는 육근(六根)이 육경(六境)을 만났을 때 그 경계에 이끌리지 않는 것이 진정한 출가 수행자라고 말했다. 비구는 어떠한 경우에도 그 대상에 집착해서는 안 된다고 했다. 대상에 집착하는 것은 곧 괴로움의 원인이 되기 때문이다. 경전에서는 다음과 같이 설명하고 있다.

> 어떤 것을 사품법경(四品法經)이라고 하는가? 눈으로 분별하는 빛깔로써 사랑할 만하고 생각할 만하며 즐거워할 만하고 집착할 만한 것이 있으면, 비구가 그것을 보고는 기뻐하고 찬탄하며 좋아하여 집착하고 굳게 머무른다. 눈으로 분별하는 빛깔로써 사랑할 만하지 않고 생각할 만하지 않으며, 좋아하여 집착할 만하지 않고 괴롭고 싫은 것이 있으면, 비구가 그것을 보고는 성내고 꺼려한다. 이와 같은 비구는 마(魔)로부터 자유롭지 못하고, …… 나아가 마의 얽매임에서 벗어나지 못한다. 귀·코·혀·몸·뜻에 있어서도 또한 그와 같으니라.
> 눈으로 분별하는 빛깔로써 사랑할 만하고 생각할 만하며 즐거워할 만하고 집착할 만한 것이 있더라도, 비구가 그것을 보

고 나서 그런 줄 알고 기뻐하면서도 찬탄하지 않고 굳이 즐거워하거나 집착하지 않는다. 눈으로 분별하는 빛깔로써 사랑하고 생각하며 즐거워하고 집착할 만하지 않은 것이 있더라도, 비구가 그것을 보고 나서 성내거나 꺼려하지 않는다. 이와 같이 하는 비구는 마(魔)로부터 자유롭고 …… 나아가 마(魔)의 얽매임에서 벗어난다. 귀·코·혀·몸·뜻에 있어서도 또한 그와 같으니라. 이것을 비구의 사품법경이라고 하느니라.[14]

이와 같이 출가자라면 모름지기 어떤 대상을 만났을 때, 그 경계에 집착해서는 안 된다. 왜냐하면 육근(六根)이 육경(六境)을 만났을 때, 그것에 집착하면 모든 괴로움이 생겨나지만, 반대로 집착하지 않으면 모든 괴로움은 사라지게 되기 때문이다. 이처럼 어떠한 대상에도 집착하지 않고 바른 길로 나아가고 있는 자들이 바로 붓다의 성스러운 제자이다.

한편 붓다의 제자와 외도의 사문은 크게 다르다. 그 증거를 『잡아함경』 제35권 제979경 「수발다라경(須跋陀羅經)」에서 확인할 수 있다. 붓다의 입멸 직전, 120세 되는 '수밧다(Subhadda)'라는 외도(外道)가 붓다를 찾아와 이렇게 물었다.

"구담(瞿曇)이시여, 세상의 지도자인 부란나가섭[15] 등 여섯 스승들은 '내가 사문이다, 내가 사문이다'라고 저마다 그렇게 주장하였습니다. 어떻습니까? 구담이시여, 과연 그러한 여러 주장들이 옳습니까?"

그때 세존께서는 곧 게송으로 말씀하셨다.

내 나이 스물아홉에
비로소 출가하여 훌륭한 도를 닦아
도를 성취한 오늘날까지
이미 50여 년이나 지났네.
삼매와 지혜와 행을 갖추고
언제나 깨끗한 계율을 닦았으니
조금이라도 이 도를 벗어나면
이 밖에는 어디에도 사문이 없노라.

부처님께서 수발다라에게 말씀하셨다.

"우리의 바른 법(法)과 율(律) 안에서 팔정도(八正道)를 얻지 못한 사람은 첫째 사문도 되지 못하고, 둘째·셋째·넷째 사문도 되지 못한다. 수발다라야, 우리 법과 율 안에서 팔정도를 얻은 사람이라야 첫째 사문도 되고, 둘째·셋째·넷째 사문도 될 수 있다. 이것을 제외하고는 어떤 외도에도 사문은 없다. 그것은 곧 외도의 스승이며 이름만의 사문 바라문일 뿐이다. 그러므로 나는 대중 가운데에서 사자처럼 외치느니라."[16]

위 경전에서 말하는 첫째·둘째·셋째·넷째 사문이란 예류과(預流果)·일래과(一來果)·불환과(不還果)·아라한과(阿羅漢果)를 향해 나아가거나 그것을 증득한 성자를 말한다. 붓다는 이 경에서 팔정도의 수행법이 없다면 그것은 진정한 수행이 아니라고 분명히 말했다. 따라서 팔정도의 수행을 갖추지 못한 외도의 사문은 사향사과(四向四果)를 얻지 못한다. 한마디로 팔정도를 실천하지 않고서는 결코 성자가 될 수 없다는 말이다. 이와 같은 내용은 남전의 『대반열반경』에도 설해져 있다.[17]

4
재가자가 갖추어야 할 조건

불교의 교단은 크게 출가자와 재가자로 구성되어 있다. 불교에서는 출가자와 재가자를 엄격히 구분한다. 왜냐하면 출가자와 재가자는 근본적으로 삶의 방식이 다르기 때문이다. 붓다는 출가자에게는 계(戒, sīla)와 율(律, vinaya)을 엄격히 지킬 것을 요구했다. 하지만 재가자에게는 엄격한 계율을 강요하지 않았다. 다만 최소한 재가자가 갖추어야 할 조건을 준수하라고 가르쳤다.

『잡아함경』 제33권 제927경 「우바새경(優婆塞經)」에서 석가족의 마하나마(Mahānama, 摩訶男)가 붓다께 "어떤 것을 우바새라고 합니까?"라고 물었다. 이 질문은 '우바새는 어떤 조건을 갖추어야 하는가?'라는 물음이다. 이에 대해 붓다는 다음과 같이 대답했다.

속가에 살고 있으면서 청정하게 닦아 익히고 깨끗하게 머물러, 남자의 모양을 원만하게 이루고서 '나는 지금부터 목숨을 마칠 때까지 부처님께 귀의하고 법에 귀의하며 비구승에게 귀의하여 우바새가 되겠사오니, 저를 증명하여 알아주소서!'라고 이렇게 말하는 이를 우바새라고 하느니라.[18]

위 경전에 의하면, 누구나 '나는 지금부터 목숨을 마칠 때까지 불(佛)·법(法)·승(僧) 삼보에 귀의하여 우바새(혹은 우바이)가 되겠습니다'라고 선언하면 재가 신자가 된다는 것이다. 이처럼 재가 신자가 되는 것은 매우 쉬우며 특별한 절차가 필요한 것이 아니다.

그러나 재가자가 갖추어야 할 조건에 대해서는 초기경전의 여러 곳에 언급되어 있다. 『잡아함경』 제4권 제91경 「울사가경(鬱闍迦經)」에 의하면, 울사가(鬱闍迦)[19]라는 바라문 청년이 붓다를 찾아와 "속인(俗人)이 집에서 지내며 몇 가지 법을 행하면 '현세의 편안함(現法安)'[20]과 '현세의 즐거움(現法樂)'[21]을 얻을 수 있겠는가"에 대해 물었다. 이에 대해 붓다는 그 바라문 청년에게 이렇게 말했다.

집에서 지내는 사람은 네 가지 법이 있어야 후세에 편안하고 후세에 즐거울 수 있다. 어떤 것이 네 가지인가? 이른바 믿음을 완전히 갖추고(信具足), 계를 완전히 갖추며(戒具足), 보시를 완전히 갖추고(施具足), 지혜를 완전히 갖추는 것(慧具足)이니라.

어떤 것이 믿음을 갖추는 것인가? 이른바 선남자는 여래에게서 믿고 공경하는 마음을 얻어 믿음의 근본을 세운다. 그것은 모든 하늘이나 악마·범 및 그 밖의 세상 사람들에 의해 무너지는 것이 아니니, 이것을 선남자가 믿음을 완전히 갖추는 것이라 하느니라.

어떤 것이 계를 완전히 갖추는 것인가? 이른바 선남자는 살생하지 않고, 도둑질하지 않으며, 음행하지 않고, 거짓말하지 않으며, 술 마시지 않나니, 이것을 (선남자가) 계를 완전히 갖추는 것이라 하느니라.

어떤 것이 보시를 완전히 갖추는 것인가? 이른바 선남자는 아까워하는 더러운 마음을 떠나 집에서 지내며 해탈의 보시를 행하되 항상 자기 손으로 주며, 버리는 공부를 즐거워하고 평등한 마음으로 보시를 행하나니, 이것을 선남자가 보시를 완전히 갖추는 것이라 하느니라.

어떤 것이 지혜를 완전히 갖추는 것인가? 이른바 선남자는 괴로움에 대한 성스러운 진리(苦聖諦)를 사실 그대로 알고, 괴로움의 발생(集聖諦)와 괴로움의 소멸(滅聖諦)과 괴로움의 소멸에 이르는 길에 대한 성스러운 진리(道聖諦)를 사실 그대로 아나니, 이것을 선남자가 지혜를 완전히 갖추는 것이라 하느니라.

만일 선남자가 집에서 지내며 이 네 가지 법을 행한다면 후세에 편안하고, 후세에 즐거울 수 있을 것이니라.[22]

이와 같이 재가자가 갖추어야 할 네 가지 조건이란 이른바 믿음·계율·보시·지혜를 말한다. 위 경전에서는 이 네 가지 법을 행하면 후세에 편안함과 즐거움을 얻게 된다고 했다. 그러나 이 네 가지 조건을 갖추면 곧바로 '현세의 편안함'과 '현세의 즐거움'을 누리게 될 것임은 말할 나위 없다. 이제 재가자가 갖추어야 할 조건에 대해 좀 더 자세히 살펴보자.

믿음의 완전한 갖춤

재가자가 갖추어야 할 첫 번째 조건은 '믿음의 완전한 갖춤', 즉 신구족(信具足, saddhā-sampanna)이다. 신구족은 삼보에 대한 확고한 믿음을 말한다. 불교도라면 무엇보다도 먼저 불·법·승 삼보에 대한 확고한 믿음을 갖추어야 한다. 그래야 완전한 불교도라고 할 수 있다.

그런데 앞에서도 언급했듯이, 재가자가 불교에 입문하는 데 어떤 특별한 절차가 필요한 것은 아니다. 다만 삼귀의문(Tisaraṇa)을 삼창(三唱)하는 것으로 충분하다. 이것은 곧 삼보 외에 어떤 다른 가르침에도 귀의하지 않겠다는 맹세의 의미가 담겨 있다. 이것이 재가자가 갖추어야 할 첫 번째 조건인 믿음의 완전한 갖춤인 것이다.

계율의 완전한 갖춤

재가자가 갖추어야 할 두 번째 조건은 '계율의 완전한 갖춤', 즉 계구족(戒具足, sīla-sampanna)이다. 계구족은 계율을 지키는 것을 말한다. 재가자가 지켜야 할 계율은 오계(五戒, pañca-sīla)와 팔재계(八齋戒, aṭṭaṅgika uposatha)이다. 오계는 재가자가 평소에 지켜야 할 최소한의 계율이고, 팔재계는 재가자가 특정월과 특정일, 즉 삼장(三長)[23]과 육재일(六齋日)[24]에 지켜야 하는 계율이다.

오계는 불살생(不殺生)·불투도(不偸盜)·불사음(不邪淫)·불망어(不妄語)·불음주(不飮酒) 이다. 이 오계는 만선(萬善)의 근본이며, 모든 사회악을 제거할 수 있는 묘약이다. 팔재계는 오계에 다시 '시간이 지나서 먹지 않고, 높고 넓은 침상에 눕지 않으며, 노래 부르고 악기 연주하고 꽃과 향으로 몸을 장식하는 것을 멀리하라'는 세 가지 계율을 더한 것이다. 이때에는 오계의 불사음(不邪淫)이 불음(不淫)으로 바뀐다.

이 팔재계는 포살과 직접적으로 관계가 있기 때문에 재(齋)를 지닌다는 의미로 지재(持齋, mah'uposatha)라고도 부른다. 이 지재를 '재가자의 출가법'이라고도 한다. 왜냐하면 재가자는 출가자와 같이 일생 동안 지계 생활을 유지할 수 없기 때문에 특정월과 특정일만이라도 팔재계를 지키며 수행하기 때문이다.

버림의 완전한 갖춤

재가자가 갖추어야 할 세 번째 조건은 '버림의 완전한 갖춤', 즉 사구족(捨具足, cāga-sampanna)이다. 사구족은 인색함의 때(慳垢)를 버리는 것을 말한다. 모름지기 재가자는 집에 살면서 인색함의 때를 마음으로부터 벗어 버리고 정진하며, 베푸는 것을 좋아하고 구걸에 응하며, 보시물을 나누어 주어야 한다. 한마디로 조건 없이 남에게 베풀어 주는 것을 말한다. 앞에서 인용한 「울사가경」에서는 시구족(施具足)이라고 번역했다. 사구족은 베풂뿐만 아니라 마음속의 인색함까지 벗어 버리는 것을 강조하기 때문에 시구족보다 넓은 의미를 갖고 있다.

재가자는 출가자에게 기쁜 마음으로 보시(布施)를 행할 의무가 있다. 왜냐하면 재가자도 사중(四衆; 비구 · 비구니 · 우바새 · 우바이)의 일원으로서 교단에 대한 책임을 지고 있기 때문이다. 이것이 하나의 관습으로 정착된 것이 재시(財施, āmisa-dāna)와 법시(法施, dhamma-dāna)이다. 즉 재가자는 출가자에게 재시의 의무가 있고, 반면 출가자는 재가자에게 법시를 베풀 의무가 있다. 특히 재가자는 수행에 필요한 물건과 음식 등 물질적으로 출가자를 돕는 것이 그 주된 임무이다. 이것이 재가자가 갖추어야 할 세 번째 조건인 버림 혹은 베풂의 완전한 갖춤인 것이다.

지혜의 완전한 갖춤

재가자가 갖추어야 할 네 번째 조건은 '지혜의 완전한 갖춤', 즉 혜구족(慧具足, paññā-sampanna)이다. 혜구족은 교법에 대한 올바른 이해를 말한다. 이 혜구족을 견구족(見具足, diṭṭhi-sampanna)이라고도 부른다.

엄격히 말해서 지극한 신뢰는 교법에 대한 확실한 이해의 바탕 위에서 성립된다. 여기서 말하는 교법의 이해란 '네 가지 성스러운 진리(四聖諦)'에 대하여 확신을 갖는 것을 뜻한다. 이른바 '이것은 괴로움이다. 이것은 괴로움의 원인이다. 이것은 괴로움의 소멸이다. 이것은 괴로움의 소멸로 이끄는 길이다'라고 바르게 아는 것을 말한다.

이러한 사제(四諦)의 법문에 대한 확신에 기초해서 재가로 있으면서도 고의 원인인 욕망을 절제하고, 욕망의 발동에 기초한 번뇌를 억누르며, 악을 그치고 선을 닦음(止惡修善)과 함께 끊임없이 자기의 마음을 맑혀 가는 것이다.

재가자는 이러한 사성제의 가르침을 통해 불교의 올바른 세계관·인생관을 확립하게 된다. 재가자가 사성제를 이론적으로 완전히 이해하게 되면, 법안(法眼, dhamma-cakkhu)을 얻어 최하위의 성자(聖者)가 된다. 이 최하위의 성자를 부파불교에서는 견도(見道, darśana-mārga)의 성자라고 했다. 견도라는 것은 사제의 도리를 보는 수행 과정이다.

그런데 원론적으로는 첫 번째의 신구족이 갖추어진 다음에 혜구족이 수반되어야 하는 것이지만, 그 반대의 경우도 생각해 볼 수 있다. 특히 현대의 지식인들은 맹목적인 믿음을 거부하는 경향이 있다. 이들은 믿음을 일으키기에 앞서 무엇을 믿고 의지해야 하는가를 확실히 알고자 한다. 다시 말해서 교법을 바르게 이해해야만 확고한 믿음을 일으키게 된다. 이것은 어떤 면에서 보면 진리 탐구의 올바른 자세라고 할 수 있다. 어쨌든 재가자는 신구족과 혜구족을 바탕으로 진리를 실천하여 깨달음을 추구하게 된다.

위에서 언급한 재가자가 갖추어야 할 조건 외에도 『잡아함경』 제33권 제927경에서는 '들음의 완전한 갖춤(聞具足, suta-sampanna)'을 추가하기도 한다. 문구족은 들은 것을 잘 기억해 쌓아 두는 것을 말한다. 즉 처음도 좋고 중간도 좋고 마지막도 좋으며, 뜻도 맛도 좋고, 순일하고 원만하며 범행이 청정한 부처님의 말씀을 다 받아 가지는 것이다.

지금까지 살펴본 재가자가 갖추어야 할 조건을 요약하면,

삼귀(三歸)·오계(五戒)·지재(持齋)라고 할 수 있다. 모름지기 재가자는 이러한 항목들을 준수하고 남을 위해 선행을 베풂과 동시에 스스로의 몸과 마음을 정결히 해야만 한다. 이것이 재가자의 모범적인 삶이다.

5
네 가지 무너지지 않는 믿음

앞에서 살펴본 '재가자가 갖추어야 할 조건' 중에서 첫 번째 조건인 '믿음의 완전한 갖춤(信具足)'을 다른 경전에서는 '네 가지 무너지지 않는 깨끗한 믿음'이라고 표현했다. '네 가지 무너지지 않는 깨끗한 믿음(四不壞淨)'이란 불(佛)·법(法)·승(僧)·계(戒)에 대한 확고한 믿음을 말한다. '불괴정(不壞淨)'이라는 단어는 빨리어 아웻짯빠사다(Aveccapasāda)를 번역한 것이다. 『잡아함경』 제30권 제836경 「사불괴정경(四不壞淨經)」에는 다음과 같이 설해져 있다.

그때 세존께서는 여러 비구들에게 말씀하셨다.
"너희들은 마땅히 가엾이 여기는 마음과 자비한 마음을 내어야 한다. 만일 어떤 사람이 너희들의 말하는 것을 듣고 즐겁게 받아들이거든, 그들을 위해 네 가지 무너지지 않는 깨끗한 믿음을 설명하여, 그들로 하여금 거기에 들어가 머물게 하라.

어떤 것이 그 네 가지인가? 부처님에 대한 무너지지 않는 깨끗한 믿음과, 법에 대한 무너지지 않는 깨끗한 믿음과 승가에 대한 무너지지 않는 깨끗한 믿음과 거룩한 계를 성취하는 것이니라. 왜냐하면 지(地)·수(水)·화(火)·풍(風) 등의 사대(四大)는 변하여 바뀌거나 더하고 덜함이 있지만, 이 네 가지 무너지지 않는 깨끗한 믿음은 일찍이 더하거나 덜하거나 변하여 바뀌는 일이 없기 때문이니라.

그 더하거나 덜하거나 변하여 달라짐이 없다고 말하는 것은 많이 들어 아는 거룩한 제자가 부처님에 대한 무너지지 않는 깨끗한 믿음을 성취하고도, 만일 지옥·축생·아귀의 세계에 떨어진다면 그럴 이치가 전혀 없기 때문이니라.

그런 까닭에 비구들이여! 마땅히 '나는 반드시 부처님에 대한 무너지지 않는 깨끗한 믿음과, 법과 승가에 대한 무너지지 않는 깨끗한 믿음을 성취하고, 거룩한 계를 성취하여 반드시 다른 사람도 세우고 성취하게 하리라'라고 이와 같이 배워야 하느니라."[25]

이 경에서 붓다는 여러 비구들에게 '네 가지 무너지지 않는 깨끗한 믿음'을 설명하여, 재가자들로 하여금 거기에 들어가 머물게 하라고 당부했다. 이 '네 가지 무너지지 않는 깨끗한 믿음'을 성취하면 삼악도(三惡道)에 떨어질 까닭이 없기 때문이다. 또한 『잡아함경』 제30권 제854경 「나리가경(那梨迦經)」에는 사불괴정이 '진리의 거울', 즉 「법경경(法鏡經)」으로 설해져 있다.

나는 이제 너희들을 위해 법경경(法鏡經)을 설명하리니 자세히 듣고 잘 생각하라. 마땅히 너희들을 위해 말하리라. 어떤 것을 법경경이라고 하는가? 이른바 '거룩한 제자가 부처님에 대하여 무너지지 않는 깨끗한 믿음과 법과 승가에 대하여 무너지지 않는 깨끗한 믿음을 내고 거룩한 계를 성취하는 것이다'라고 한 것이니라.[26]

이 경을 설하게 된 배경은 많은 비구들이 여러 우바새(優婆塞)들이 죽었다는 소식을 듣고, 붓다께 그들이 어디에 태어났는가를 물었다. 그러자 붓다는 그런 것을 묻는 것은 번잡한 일이라고 말하고, 태어난 자는 반드시 죽는다는 연기(緣起)의 법칙을 일러줌과 아울러 사불괴정(四不壞淨)을 닦아야 한다고 가르친 것이다.[27] 또한 붓다는 『장아함경』 제2 「유행경」에서 아난다 존자에게 '법의 거울'에 대해 설했다.

> 아난다여, 법의 거울이란 곧 성인의 제자들이 무너지지 않는 믿음을 얻는 것을 말한다. 즐거워하고 기뻐하면서 부처님께서 여래 · 아라한 · 등정각(等正覺)의 십호(十號)를 구족한 것을 믿고 즐거워하고 기뻐하면서 법은 바르고 참되고 미묘하여 마음대로 말하여 때가 없고 열반의 도를 보이어 지혜로운 사람이 행하는 것임을 믿는 것이다. 그리고 또 즐거워하고 기뻐하면서 승가는 서로 잘 화합하여 행하는 바는 순박하고 곧아 아첨하는 일이 없고, 도(道)의 결과를 성취하고 위 · 아래가 화순하며 법의 몸을 갖추어 수다원(須陀洹)을 향해서는 수다원을 얻고, 사다함(斯多舍)을 향해서는 사다함을 얻으며, 아나함(阿那舍)을 향해서는 아나함을 얻고, 아라한을 향해서는 아라한을 얻는 사쌍팔배(四雙八輩) 이것을 성현의 무리하고 하고, 이들은 존경할 만한 복밭이라고 믿는 것이다. 그리고 또 성현의 계(戒)는 맑고 깨끗하여 더러움이 없고 이지러지거나 빠짐이 없어 명철하고 지혜로운 사람이 행하여 선정(禪定)을 얻는다고 믿는 것이다. 아난다여, 이것을 법의 거울이라 한다. 나는 성인의 제자들로 하여금

그 난 곳을 알아 악도를 끊어 수다원을 얻고 일곱 생을 지내지 않아 반드시 괴로움의 근본을 끊게 하리라. 그들도 또한 남을 위하여 이 일을 설명해 주리라.[28]

이와 같은 내용은 다른 경전에도 언급되어 있다. 붓다는 기회가 있을 때마다 재가자들에게 '네 가지 무너지지 않는 믿음'의 중요성에 대해 강조했기 때문이다. 『잡아함경』 제30권 제833경 「이차경(離車經)」에도 설해져 있다.[29] 이 경에 의하면 거룩한 제자가 만약 사불괴정(四不壞淨)을 성취하면, 죽어서 천상에 태어나 열 가지 법(十種法)을 획득할 것이며, 다시 천상에서 목숨을 마쳐 인간 세계에 태어나면 열 가지 일을 구족하게 된다고 설해져 있다.

불(佛)에 대한 깨끗한 믿음

첫째, 불(佛)에 대한 무너지지 않는 깨끗한 믿음(佛不壞淨)은 『증일아함경』 제3 광연품(廣演品) 제1경에 설해져 있다.

혹 어떤 비구는 몸을 바르게 가지고 뜻을 바르게 하여 결가부좌하고 앉아, 생각을 매어 앞에 두고 다른 생각 없이 오로지 부처님만을 생각한다. 여래의 형상을 관(觀)하되 잠시도 눈을 떼는 일이 없게 하고, 눈을 떼지 않고 나선 곧 여래의 공덕을 생각한다.

'여래의 본체는 금강(金剛)으로 이루어졌고,[30] 십력(十力)[31]을 원만하게 갖추었으며, 네 가지 두려움이 없어(四無所畏)[32] 대중들 속에서 용감하고 씩씩하시다. 여래의 얼굴은 단정하기 짝이 없어 아무리 보아도 싫증이 나지 않는다. 계(戒)의 덕을 성취한 것이 마치 금강과 같아서 부술 수 없고 티가 없이 청정하기는 마치 유리와 같다.

또 여래의 삼매(三昧)는 일찍이 줄어든 일이 없다. 이미 쉬고 영원히 고요하여 다른 잡념이 전혀 없다. 교만하고 사납던 모든 마음은 편안하고 고요하며 욕심이 없게 되었고, 탐냄과 성냄과 어리석은 마음과 망설임과 교만하게 구는 모든 번뇌도 다 없어졌다. 여래의 지혜로운 몸은 그 지혜가 끝도 없고 밑도 없으며 걸리는 데도 없다. 여래의 몸은 해탈을 성취하여 모든 갈래의 세계가 이미 다해 다시 태어나는 일이 없어져서 '나는 나고 죽음에 떨어질 것이다'라고 말하는 일이 없다. 여래의 몸은 지견성(知見城)을 지나고 다른 사람의 근기(根)를 알아 제도할 것과 제도하지 못할 것을 구분하여 그에 따라 호응하시며, 여기에서 죽어 저기에 태어나고 두루두루 오가면서 생사(生死)의 경계를 해탈하는 이와 해탈하지 못하는 이를 모두 다 아신다.'³³

이 경에 묘사된 붓다는 앞의 삼보에서 설명한 '아홉 가지 덕성(九德)'을 갖춘 인간 붓다의 모습이라기보다는 상당히 신격화된 붓다임을 알 수 있다. 왜냐하면 다른 아라한들이 갖추지 못한 열 가지 힘(十力)과 네 가지 두려움 없음(四無所畏)를 갖춘 붓다로 묘사되고 있기 때문이다. 이러한 불신관(佛身觀)의 변화는 부파불교와 대승불교의 영향을 받은 것으로 보인다.

법(法)에 대한 깨끗한 믿음

둘째, 법(法)에 대한 무너지지 않는 깨끗한 믿음(法不壞淨)은 『증일아함경』 제3 광연품(廣演品) 제2경에 설해져 있다.

혹 어떤 비구는 몸을 바르게 가지고 뜻을 바르게 하여 결가부좌하고 앉아, 생각을 매어 앞에 두고 다른 생각 없이 오로지 법만을 생각한다.

'모든 욕애(欲愛)를 버리고 번뇌(塵勞)가 없어지면 갈애(渴愛)의 마음이 다시는 일어나지 않는다. 대개 바른 법(正法)이란 탐욕에서 탐욕이 없는 데에 이르고, 모든 결박(結縛)을 여의고 온갖 덮개(蓋)의 폐단을 여의는 것이다. 그 법은 비유하면 마치 온갖 향기와 같아서 어떤 하자(瑕疵)나 어지러운 생각이 없는 것이다.'[34]

이 경에 묘사된 법은 앞의 삼보에서 설명한 '법의 여섯 가지 특징'을 나타낸 것이 아니다. 이 경에서 말하는 법은 탐욕과 결박을 여의는 것으로 되어 있다. 점차 법의 개념이 추상화되어 가고 있음을 알 수 있다.

승(僧)에 대한 깨끗한 믿음

셋째, 승(僧)에 대한 무너지지 않는 깨끗한 믿음(僧不壞淨)은 『증일아함경』 제3 광연품(廣演品) 제3경에 설해져 있다.

혹 어떤 비구는 몸을 바르게 가지고 뜻을 바르게 하여 결가부좌하고 앉아, 생각을 매어 앞에 두고 다른 생각 없이 오로지 승가만을 생각한다.

'여래의 성중은 착한 업(業)을 성취하여 질박하고 곧은 이치를 따르며 삿된 업이 없고, 위아래가 화목하여 법과 법을 성취한다. 여래의 성중은 계(戒)를 성취하고 삼매를 성취하며, 지혜를 성취하고 해탈을 성취하며, 해탈지견을 성취한다.'

성중(聖衆)이란 사쌍팔배(四雙八輩)를 일컫는 말이다. 이들을 마땅히 공경하고 받들어 섬기며 예배하고 순종해야 할 여래의 성중이라 한다. 왜냐하면 그들은 세상의 복밭(福田)이기 때문이다. 이 대중들도 다 동일(同一)한 그릇이기에 역시 제 자신을 제도하고 또 다른 사람도 제도하며, 삼승(三乘)[35]의 도에 이르게 된다. 이러한 업을 이름하여 성중이라고 말한다.[36]

이 경에 묘사된 승(僧)은 앞의 삼보에서 설명한 사쌍팔배(四雙八輩)의 성중(聖衆)을 언급하고 있지만, 더 나아가 삼승(三乘)의 의미로 확대되고 있음을 알 수 있다. 이른바 '이 대중들도 다 동일한 그릇'이라는 대목은 삼승이 동일하다는 뜻이다. 그리고 '제 자신을 제도하고 또 다른 사람도 제도'한다는 것은 '자신도 깨달음을 구하고 남도 깨달음으로 인도하는 자리(自利)와 이타(利他)'의 보살행을 의미한다. 이 경에서는 이러한 보살행의 실천자가 성중(聖衆)이라는 것이다.

계(戒)에 대한 깨끗한 믿음

넷째, 계율에 대한 무너지지 않는 깨끗한 믿음(戒不壞淨)은 『증일아함경』 제3 광연품(廣演品) 제4경에 설해져 있다.

> 혹 어떤 비구는 몸을 바르게 가지고 뜻을 바르게 하여 결가부좌하고 앉아, 생각을 매어 앞에 두고 다른 생각 없이 오로지 계(戒)만을 생각한다.
> '이른바 계는 모든 악(惡)을 그치게 하기 때문에 능히 도를 이루고 사람을 기쁘게 한다. 계는 몸을 장식하여(瓔珞) 온갖 좋은 모양을 나타낸다. 대개 금계(禁戒)는 길상병(吉祥甁)과 같아서 소원을 곧 성취하게 한다. 모든 도품(道品)의 법은 다 계율로 말미암아 이루어진다.'[37]

이 경에 묘사된 계는 앞의 삼보에서 설명한 재가자가 지켜야 할 오계 혹은 팔재계를 말하는 것이 아니다. 이 경에서 말하는 계는 '모든 악을 끊고 모든 선을 받들어 행하는 것(諸惡莫作 衆善奉行)'이라는 보다 넓은 개념으로 확대되었다. 『장아함경』 제2 「유행경(遊行經)」에서 붓다는 지계의 중요성에 대해 이렇게 말했다.

무릇 사람이 계를 범함으로써 다섯 가지 손해가 있다. 무엇을 다섯이라 하는가. 첫째는 재물을 구하나 뜻대로 되지 않는다. 둘째는 비록 얻은 것이 있더라도 날로 점점 없어진다. 셋째는 이르는 곳마다 사람들의 존경을 받지 못한다. 넷째는 추한 이름과 나쁜 소문이 천하에 퍼진다. 다섯째는 목숨을 마쳐 죽은 뒤에는 지옥에 들어간다.

무릇 사람이 계를 가짐으로써 다섯 가지 공덕이 있다. 무엇을 다섯이라 하는가. 첫째는 모든 구하는 것은 뜻대로 된다. 둘째는 자기가 가진 재산은 더욱 불어 손해되는 일이 없다. 셋째는 가는 곳마다 사람의 존경과 사랑을 받는다. 넷째는 좋은 이름과 착한 칭찬이 천하에 두루 퍼진다. 다섯째는 목숨을 마친 뒤에는 반드시 천상에 태어날 것이다.[38]

위에 인용한 대목은 붓다가 입멸하기 3개월 전 빠딸리뿟따(Pāṭaliputta, 華氏城)를 방문했을 때였다. 마침 그 마을 회관을 지어 낙성식을 하는 자리에서 붓다는 그 마을 신자들에게 이 법문을 설했다. 아마 그 마을 사람들은 붓다로부터 어떤 축복의 말씀을 듣고 싶었을 것이다. 그러나 붓다는 그들에게 '지계의 중요성'을 강조했다. 이른바 계를 지키지 않으면 다섯 가지의 손해가 있지만, 반대로 계를 지키면 다섯 가지의 공덕을 얻게 된다는 것이다.

지금까지 『증일아함경』 제3 광연품(廣演品)에 나타난 '네 가지 무너지지 않는 믿음'에 대해 살펴보았다. 이 경의 제1경에서 제4경의 말미에 붓다는 불(佛)·법(法)·승(僧)·계(戒)를 생각하는 것을 닦아 행하면, "좋은 명예가 있게 되고, 큰 과보를 성취하며, 온갖 선이 널리 모이고 감로의 맛을 얻어 함이 없는 곳에 이르게 되며, 곧 신통을 이루고 온갖 어지러운 생각을 없애며, 사문과를 체득하고 스스로 열반을 이룬다"[39]라고 말했다. 이것은 사불괴정의 공덕을 말한 것이다.

6
마음이 병들지 않는 법

초기경전은 대부분 출가자를 위한 교설로 이루어져 있다. 붓다가 재가자들에게 법을 설하지 않았던 것은 아니다. 붓다는 위로 왕에서부터 아래로는 불가촉 천민에 이르기까지 차별 없이 많은 가르침을 펼쳤다. 그러나 불멸후 법(法)과 율(律)의 전승 과정에서 재가자를 위한 교설은 거의 전해지지 않았다. 출가자들이 자신들과는 직접적으로 관련이 없는 재가자를 위한 교설을 굳이 암송할 필요성을 느끼지 못했기 때문이었다. 이러한 이유로 말미암아 현존하는 초기경전에는 재가자를 위한 교설이 많이 남아 있지 않다.

그런데 『잡아함경』 제5권 제107경 「장자경」은 '나꿀라삐따(Nakulapitā)'[40]라고 하는 어느 한 사람을 위해 특별히 설한 것인데 남아 있다. 그만큼 중요한 내용을 담고 있기 때문에 전승된 것으로 보인다. 이 경은 다음과 같이 시작된다.

어느 때 부처님께서는 바지국(婆祇國)[41]의 설수바라산(設首婆羅山)[42]의 사슴동산 깊은 숲 속에 계시었다. 그때 나구라(那拘羅)[43] 장자는 나이 백이십 세였다. 나이가 많아 기관은 허물고 파리하고 쇠약하여 병으로 괴로워하고 있었다. 그러면서도 그는 세존과 전부터 존경하고 친히 아는 비구들을 뵈옵고자 하여 부처님 계신 곳으로 나와 발에 예배하고 물러나 한쪽에 앉아 부처님께 여쭈었다.

"세존이시여, 저는 나이 많고 쇠약하며 병들어 괴로워하면서도 스스로 애를 써서 세존과 또 전부터 존경하고 가까이 알던 스님들을 뵈려고 왔습니다. 원하옵건대 저를 위해 설법하시어 오랜 세월 동안 안락하게 하소서."

그때 세존께서는 나구라 장자에게 말씀하셨다.

"훌륭합니다. 장자여! 그대는 실로 나이 많아 감각 기관이 허물어지고 쇠약하여 병으로 괴로워하면서도 스스로 애를 써서 여래와 또 다른 존경하고 가까이 알던 비구들을 찾아왔습니다. 장자여, 마땅히 아시오. 괴롭고 병든 몸에서 항상 괴롭지도 병들지도 않는 마음을 닦아야 합니다."

그때 세존께서는 나구라 장자를 위해 가르치고 기쁘게 하신 뒤에 잠자코 계셨다. 나구라 장자는 부처님의 말씀을 듣고 그 말씀을 따라 기뻐하면서 예배하고 물러갔다.[44]

그때 마침 사리뿟따(Sāriputta, 舍利弗) 존자가 붓다로부터 멀지 않은 어떤 나무 밑에 앉아 있었다. 나꿀라삐따 장자는 사리뿟따 존자가 있는 곳으로 찾아갔다. 사리뿟따 존자가 나꿀라삐따 장자를 보니, 모든 감각 기관에 기쁨이 넘치고 얼굴빛이 밝았다. 그래서 세존에게서 어떤 깊은 법을 들었기에 그러하냐고 그 장자에게 물었다. 그러자 장자는 "오늘 세존께서는 저를 위해 설법하고 가르쳐 기쁘게 하시고, 감로법(甘露法)으로 제 몸과 마음을 적셔 주셨다"라고 대답했다. 사리뿟따 존자는 "어떤 법을 말씀하시어 가르쳐 기쁘게 하시고, 감로법으로 윤택하게 하셨습니까?"라고 물었다.

그러자 나꿀라삐따 장자는 "세존께서 '그대는 지금 그 괴롭고 병든 몸에서 항상 괴롭지도 병들지도 않는 마음을 닦아야 한다'고 말했다"라고 대답했다. 사리뿟따 존자는 다시 장자에게 "그대는 왜 아까 '어떤 것이 몸도 병들어 괴롭고 마음도 병들어 괴로운 것이며, 어떤 것이 몸은 병들어 괴롭지만 마음은 병들지도 괴롭지도 않은 것입니까' 하고 세존께 거듭 여쭈지 않았습니까?"라고 물었다. 그러자 장자는 그 때문에 존자를 찾아왔다고 말했다. 그리고 세존께서 말씀한 그 법의 깊은 뜻을 설명해 달라고 간청했다. 그때 사리뿟따 존자는 장자에게 이렇게 말했다.

"훌륭합니다. 장자여! 그대는 이제 자세히 들으십시오. 그대를 위해 설명하리다. 어리석고 배움이 없는 범부들은 색의 발생(色集)과 색의 소멸(色滅)과 색의 재앙(色患)과 색에 맛들임(色味)과 색에서 벗어남(色離)을 사실 그대로 알지 못합니다. 사실 그대로 알지 못하기 때문에 색을 사랑하고 즐거워하여 '색은 나다. 이것은 내 것이다'라고 말하면서 그것을 거두어 취하다가, 만일 그 색이 무너지거나 달라지면 마음도 그에 따라 움직여 고통과 번민이 생깁니다. 고통과 번민이 생긴 뒤에는 두려워하고 마음이 막히며, 돌아보고 근심하며 잊지 못합니다. 수·상·행·식에 있어서도 또한 그와 같나니, 이것을 몸과 마음이 괴롭고 병든 것이라 합니다.

어떤 것을 몸은 괴롭고 병들었지만 마음은 괴롭지도 병들지도 않은 것이라 하는가? 많이 아는 거룩한 제자들은 색의 발생과 색의 소멸과 색에 맛들임과 색의 재앙과 색에서 벗어남을 사실 그대로 압니다. 사실 그대로 안 뒤에는 그것을 사랑하거나 즐거워하지 않아 '색은 나다. 이것은 내 것이다'라고 보지 않습니다. 그러므로 그 색이 혹 변하거나 달라지더라도 마음이 그것을 따라 움직여 괴로움과 번민이 생기지는 않습니다. 마음이 따라 움직여 괴로움과 번민이 생기는 일이 없으면, 두려워하거나 마음이 막히거나 돌아보거나 애착하지 않습니다. 수·상·행·식에 있어서도 또한 그러하나니, 이것을 몸은 괴롭고 병들었으나 마음은 괴롭지도 병들지도 않은 것이라 합니다."

존자 사리불이 이 법을 설명하자 나구라 장자는 법안이 깨끗해졌다. 그때 나구라 장자는 법을 보고 법을 얻고 법을 알고 법에 들어가 모든 의심을 벗어나서, 남의 가르침을 받지 않고 바른 법 안에서 마음에 두려움이 없게 되었다.[45]

이 「장자경」은 '나꿀라삐따(Nakulapitā)'라는 장자가 붓다를 찾아와 나눈 대화를 근거로, 다시 사리뿟따 존자가 보충하여 설명한 것이다. 이 경의 핵심 요지는 어리석은 범부들은 오온(五蘊)의 발생에서부터 벗어남을 사실 그대로 알지 못하기 때문에 '오온은 나다. 오온은 내 것이다'라고 집착한다. 그러다가 오온이 무너지거나 달라지면 괴로워한다. 이것이 몸과 마음이 괴롭고 병든 것이다. 그러나 거룩한 제자들은 오온의 발생에서부터 벗어남을 사실 그대로 알기 때문에 '오온이 나다. 오온은 내 것이다'라고 집착하지 않는다. 그러므로 오온이 변하거나 달라지더라도 마음이 그것을 따라 괴로워하거나 번민하지 않는다. 이것이 몸은 괴롭고 병들었으나 마음은 괴롭지도 병들지도 않는다는 것이다.

한편 『앙굿따라 니까야』에 "신뢰할 만한 자 가운데 제일은 나꿀라삐따(Nakulapitā) 장자이다"[46]라고 묘사되어 있다. 그의 부인은 나꿀라마따(Nakulamātā)이다. 그는 박가국의 숭수마라기리에 살았다. 붓다가 이 마을을 방문하여 베사깔라와나에 머물고 있을 때, 그는 부인 나꿀라마따와 함께 붓다를 친견하기 위해 찾아왔다. 그들은 붓다를 보자마자 순간적으로 "아들아! 왜 이렇게 오랫동안 떨어져 있었느냐?"라고 말했다. 그들은 과거 오백 생 동안 붓다(보살)의 전생 부모였으며, 그보다 많은 생애가 가까운 친척이었기 때문이다. 그들은 붓다의 법을 듣고 곧바로 예류자(預流者)가 되었다고 한다. 붓다는 그들이 늙었을 때, 한 번 더 그 마을을 방문했다. 그들은 붓다를 기쁘게 했으며, 금생에 붓다께 귀의한다고 말하고, 내생에도 마찬가지로 자기들을 지켜 줄 가르침을 청했다.[47] 붓다는 상가의 모임에서 많은 제자들 가운데 가장 친밀한 관계는 그들이라고 말했다.[48]

7
세 가지 종류의 스승

붓다 시대의 사상계는 크게 바라문(婆羅門)과 사문(沙門)이라는 두 그룹으로 나누어져 있었다. 사문 그룹은 붓다 외에 여섯 명의 사상가들이 활발하게 활동하고 있었다. 이 여섯 명의 사상가들을 불교에서는 '육사외도(六師外道)'라고 부른다. 붓다는 이들의 주장이 잘못된 것이라고 강하게 비판했다. 이들의 주장은 상견(常見)이거나 단견(斷見)에서 벗어나지 못하고 있었기 때문이다. 『잡아함경』 제5권 제105경 「선니경(仙尼經)」은 육사외도의 사상을 비판한 대표적인 경전이다. 이 경과 대응하는 니까야가 없기 때문에 더욱 귀중한 자료로 평가된다. 이 경은 '선니(仙尼)'라는 외도 출가자가 붓다를 찾아와 질문하는 것으로 시작된다.

어느 때 부처님께서 왕사성(王舍城) 가란다죽원(迦蘭陀竹園)에 계셨다.

그때 외도 출가자 선니(仙尼)가 부처님 계신 곳으로 찾아와 공손히 인사드리고 한쪽에 앉아 부처님께 여쭈었다.

"세존이시여, 예전 언젠가 사문·바라문, 혹은 차라가(遮羅迦),[49] 혹은 출가한 이들은 희유강당(希有講堂)에 모여 이런 이치를 이야기하였습니다.

'부란나가섭(富蘭那迦葉)[50]은 대중의 주인이 되어 500명의 제자들에게 앞뒤로 둘러싸여 있었다. 그 제자들 가운데는 지극히 지혜로운 사람도 있었고 지극히 미련한 사람도 있었다. 그러나 그들이 죽음에 다다랐을 때, 그 스승은 그들이 어디로 가서 태어날지를 예언하지 않았다.

또 말가리구사리자(末迦梨瞿舍利子)[51]도 대중의 주인이 되어 500명의 제자들에게 앞뒤로 둘러싸여 있었다. 그 제자들 가운데는 지혜로운 사람도 있었고 미련한 사람도 있었다. 그러나 그들이 죽음에 다다랐을 때, 그 스승은 그들이 어디로 가서 태어날지를 예언하지 않았다.

이와 같이 선사나비라지자(先闍那毘羅胝子),[52] 아기다시사흠바라(阿耆多翅舍欽婆羅),[53] 가라구다가전연(迦羅拘陀迦栴延),[54] 니건

타야제자(尼揵陀若提子)⁵⁵ 등도 각각 500명의 제자들에게 앞뒤로 둘러싸여 있었지만 그들 역시 앞의 사람들과 같았다.'

그런데 사문 구담이시여, 그때 그 사람들 중에 이런 말을 한 사람이 있었습니다.

'사문 구담은 대중의 주인이 되어 그의 여러 제자들 중에 목숨을 마치는 사람이 있으면 곧 아무개는 저기에 태어나고 아무개는 여기에 태어난다고 예언한다.'

저는 그 말을 듣고 먼저 의심이 생겼습니다. 사문 구담께서는 어떻게 그러한 법을 얻으셨습니까?"⁵⁶

위 경전을 설하게 된 배경은 선니라는 외도 출가자가 어느 토론 모임에서 여섯 명의 스승들은 많은 제자들을 거느리고 있지만, 그 제자들이 죽으면 어디에 태어난다고 예언하지 못한다. 그런데 사문 구담(瞿曇)은 그 제자가 죽으면 그가 어디에 태어날 것이라고 예언한다는 말을 들었다. 그래서 그는 그것이 사실인지 확인하기 위해 붓다를 찾아와 어떻게 그러한 법을 얻게 되었느냐고 질문했다. 그래서 붓다는 선니에게 이렇게 말했다.

너는 의심하지 마라. 미혹이 있으면 그는 곧 의심을 일으키게 된다. 선니야, 마땅히 알라. 세 종류의 스승이 있으니, 어떤 것이 세 가지인가?

　어떤 스승은 '현세에서 진실로 이것이 나(我)다'라고 하며 제가 아는 대로 말하지만 목숨을 마친 뒤의 일은 능히 알지 못한다. 이런 이를 세간에 출현하는 첫 번째 스승이라 한다. 또 선니야, 어떤 스승은 '현세에서 진실로 이것이 나(我)다'라고 보고 '목숨을 마친 뒤에도 또한 이것이 나(我)다'라고 보아 제가 아는 대로 말한다. 또 선니야, 어떤 스승은 '현세에서 진실로 이것이 나(我)다'라고 보지도 않고 '목숨을 마친 뒤에 진실로 이것이 나(我)다'라고 보지도 않는다.

　선니야, '현세에서만 진실로 이것이 나(我)다'라고 하며 제가 아는 대로 말하는 첫 번째 스승의 견해를 단견(斷見)[57]이라 한다. '현세에서나 후세에서나 진실로 이것이 나(我)다'라고 하며 제가 아는 대로 말하는 두 번째 스승의 견해를 상견(常見)[58]이라 한다. '현세에서 진실로 이것이 나(我)다'라고 보지 않고, '목숨을 마친 뒤의 나(我)도 또한 보지 않는다'는 것은 곧 여래·응공·등정각의 말이다. 그는 '현세에서 애욕을 끊고 탐욕을 떠나 모든 번뇌를 없애면 열반(涅槃)을 얻는다'고 말한다.[59]

여기서 붓다는 선니에게 이 세상에는 세 가지 종류의 스승이 있다고 말했다. 이른바 단견(斷見)을 주장하는 스승, 상견(常見)을 주장하는 스승, 그리고 단견과 상견을 뛰어넘은 정견(正見)을 주장하는 스승이 있다고 말했다. 그런데 세 번째 정견을 설하는 자가 바로 붓다 자신이라고 했다. 그러자 선니는 붓다의 가르침을 이해하지 못하고, 의심만 더욱 더할 뿐이라고 토로했다. 그래서 붓다는 다시 선니에게 이렇게 말했다.

마땅히 의심을 더해야 할 것이다. 왜냐하면 이것은 매우 깊은 이치로서 보기도 어렵고 알기도 어려워 모름지기 깊이 관찰해야만 미묘하게 도달할 수 있는 것이기 때문이다. 또 그것은 지혜로운 사람만이 알 수 있고 범부 중생들은 분별해 알 수 없는 것이니, 무슨 까닭인가? 중생들은 오랜 세월 동안 잘못 보고(異見), 잘못 참았으며(異忍), 잘못 찾고(異求), 잘못 원하였기(異欲) 때문이니라.[60]

이러한 붓다의 설법을 듣고 비로소 선니는 믿음의 마음을 일으켜, 이 자리에서 혜안(慧眼)을 얻을 수 있도록 좀 더 자세히 법을 설해 달라고 붓다께 간청했다. 그래서 붓다는 다음과 같은 질문을 이어 갔다.

"선니야, 색(色)은 항상한가, 무상한가?"
"무상합니다."
"만일 무상하다면 그것은 괴로운 것인가?"
"그것은 괴로운 것입니다."
"만일 무상하고 괴로운 것이라면 그것은 변하고 바뀌는 법이니라. 많이 아는 거룩한 제자들이 과연 그런 것에 대해 '이것은 나다. 나와 다르다. 나와 나 아닌 것이 함께 있는 것이다'라고 보겠는가?"
"아닙니다. 세존이시여."
"수(受)·상(想)·행(行)·식(識)에 있어서도 또한 그와 같으니라."
세존께서는 다시 물으셨다.
"어떠하냐? 선니야, 색이 여래(如來)인가?"
"아닙니다. 세존이시여."
"수·상·행·식이 여래인가?"
"아닙니다. 세존이시여."
다시 물으셨다.

"선니야, 색을 떠나서 여래가 있는가? 수·상·행·식을 떠나서 여래가 있는가?"

"아닙니다. 세존이시여."

여래는 다시 물으셨다.

"선니야, 색 안에 여래가 있는가?"

"아닙니다. 세존이시여."

"선니야, 여래 안에 색이 있는가? 여래 안에 수·상·행·식이 있는가?"

"아닙니다. 세존이시여."

"선니야, 색도 아니고 수·상·행·식도 아닌 것이 여래인가?"

"아닙니다. 세존이시여."[61]

이제 거의 절정에 다다랐다. 여기서 다시 붓다는 선니에게 그 이치를 자세히 설명해 주었다.

"나의 여러 제자들은 내 말을 듣고도 그 뜻을 다 이해하지 못해 교만(慢)을 일으키고 빈틈없는 한결같음(無間等)[62]을 얻지 못한다. 빈틈없이 한결같지 못하기 때문에 곧 교만이 끊어지지 않고, 교만이 끊어지지 않기 때문에 이 음(陰)[63]을 버린 뒤에도 다른 음과 합하여 계속해 태어나느니라. 그러므로 선니야, 나는 이런 제자들에겐 '몸이 무너지고 목숨이 끝난 뒤에 이러저러한 곳에 태어난다'고 예언한다. 왜냐하면 그들에게는 남은 교만이 있기 때문이니라.

그러나 선니야, 내 말을 듣고 그 뜻을 능히 이해하는 나의 여러 제자들은 모든 교만에서 빈틈없는 한결같음을 얻는다. 빈틈없는 한결같음을 얻기 때문에 모든 교만이 끊어지고, 모든 교만이 끊어지기 때문에 몸이 무너지고 목숨이 끝난 뒤에 다시는 계속해 태어나지 않는다. 선니야, 나는 이런 제자들에겐 '이 음(陰)을 버린 뒤에 이러저러한 곳에 다시 태어난다'고 말하지 않는다. 왜냐하면 예언할 만한 인연이 없기 때문이니라. 만일 내가 그들에 대해서 예언해야 한다면 나는 '그들은 모든 애욕을 끊고 유결(有結)[64]을 길이 떠나 바른 뜻으로 해탈하여 고통을 완전히 벗어나리라'라고 예언할 것이다. 나는 예전부터 지금까지 늘 교만의 허물(慢過)과 교만의 발생(慢集)과 교만의 생성(慢生)과 교만의 일어남(慢起)에 대하여 말했다. 만일 그 교만에 대해서 빈틈없이 한결같이 관찰한다면 갖가지 고통은 생기지 않을 것이다."

부처님께서 이 법을 말씀하시자, 출가한 선니는 티끌과 때를 멀리 떠나고 법안이 깨끗해졌다. 그때 출가한 선니는 법을 보고 법을 얻어 모든 의혹을 끊었다. 그래서 남의 가르침을 받지 않고 남의 구제를 받지 않고도 바른 법 안에서 마음에 두려움이 없게 되었다.[65]

위 경전의 내용은 '내(我)가 있다'는 교만한 생각을 가지고 있는 사람은 윤회하기 마련이다. 그래서 그런 사람은 '죽은 뒤 이러저러한 곳에 태어난다'고 예언한다. 그러나 '내(我)가 있다'는 교만한 생각을 끊어 버린 사람은 다시 태어나지 않는다. 그래서 그런 사람은 '죽은 뒤 이러저러한 곳에 다시 태어나지 않는다'고 말한다는 것이다. 요컨대 오온의 이치를 바르게 터득한다면 단견과 상견에 떨어지지 않고 바른 견해를 획득할 수 있게 된다는 것이다.

이러한 붓다의 가르침을 듣고 선니는 곧 자리에서 일어나 합장하고 붓다께 바른 법 안에서 출가하여 범행을 닦기를 원했다. 붓다는 선니에게 바른 법 안에서 출가하여 구족계를 얻을 수 있고 비구의 신분이 될 수 있다고 허락했다. 그리하여 그는 붓다의 제자가 되어 게으르지 않고 열심히 정진하여 나중에는 아라한과를 증득하게 되었다.

8
자신을 보호하는 것

어떻게 하는 것이 자신을 보호하는 것인가?『잡아함경』제46권 제1229경「자호경(自護經)」에서 이 문제를 다루고 있다. 이 경은 꼬살라(Kosala)의 빠세나디(Pasenadi, 波斯匿王)왕의 질문에 붓다가 대답하는 형식으로 이루어져 있다. 어느 날 빠세나디왕이 '어떤 것이 자신을 보호하는 것이며, 어떤 것이 자신을 보호하지 않는 것인가?'를 생각하게 되었다. 그는 다음과 같은 결론을 얻었다. '만일 어떤 이가 몸으로 악행을 하고 입으로 악행을 하며 뜻으로 악행을 하면 그들은 자기를 보호하지 않는 것이다. 만일 몸으로 선행을 하고 입으로 선행을 하며 뜻으로 선행을 하면 그들은 자기를 보호하는 것이다.' 이렇게 생각한 빠세나디왕은 곧바로 붓다를 찾아가 자신의 생각이 맞는지 확인했다.

그러자 붓다는 대왕에게 이렇게 대답했다.

"그렇습니다. 대왕이시여, 그렇습니다. 대왕이시여, 만일 몸으로 악행을 하고 입으로 악행을 하며 뜻으로 악행을 하면 그것은 자기를 생각하지 않는 것입니다.

그러면서 그들은 스스로 자신을 잘 보호한다고 말들을 합니다. 상군(象軍)·마군(馬軍)·차군(車軍)·보군(步軍)으로써 자신을 보호하면서 스스로 보호한다고 말하지만, 사실은 자신을 보호하는 것이 아닙니다. 왜냐하면 비록 밖은 보호하고 있을지라도 안을 보호하지는 못하기 때문입니다. 그러므로 대왕이여, 그것은 자기를 보호하지 않는 것이라고 합니다.

대왕이여, 만일 어떤 이가 몸으로 선행을 하고 입으로 선행을 하며 뜻으로 선행을 하면 그것은 자신을 보호하는 것입니다. 그들은 상군·마군·차군·보군, 이 네 군사로써 자기 몸을 보호하지 않는다고 말하지만, 그들은 사실 자신을 보호하는 것입니다.

왜냐하면 안을 보호하는 이를 자신을 잘 보호한다고 하지, 밖을 보호하는 것을 말하는 것이 아니기 때문입니다."

그때 세존께서 다시 게송으로 말씀하셨다.

몸과 입과 뜻으로 짓는

모든 업을 잘 단속하고

부끄러운 줄 알아 스스로 지키는 것

이것을 잘 지켜 보호하는 것이라 한다.

그때 파사익왕은 부처님의 말씀을 듣고 기뻐하면서 예배하고 떠나갔다.[66]

이 경의 핵심은 '몸과 입과 뜻으로 악행(惡行)을 행하는 것은 곧 자신을 보호하지 않는 것이고, 몸과 입과 뜻으로 선행(善行)을 행하는 것은 곧 자신을 보호하는 것'이라는 말이다. 비록 외부의 군사력이 자신을 보호해 준다고 생각하지만, 그것은 자신을 보호하는 것이 아니라는 것이다. 결국 자기 자신을 보호하는 것은 외부의 힘이 아니라 자기 자신의 선행뿐이라는 것이다.

인간은 심리적으로 '자기 보호'와 '자기 보존'에 집착하고 있다. 월폴라 라훌라가 지적했듯이, "자기 보호를 위해 인간은 신을 창조했다. 마치 어린아이가 부모에게 의존하듯이, 자기 자신의 보호와 안전과 보전을 위해 신에게 의존한다. 자기 보존을 위해 인간은 영혼불멸 혹은 아뜨만(ātman)을 고안해 냈다.

무지와 유약함과 공포와 욕망 속에서 인간은 스스로를 위안하기 위해 이러한 두 관념을 필요로 한다. 그래서 인간은 이 두 관념에 깊이 그리고 광적으로 집착한다."^67

『잡아함경』제24권 제619경 「사타가경(私陀伽經)」에 자호호타(自護護他)의 가르침이 설해져 있다. 이 경은 붓다가 제자들에게 광대놀이를 하는 스승과 제자가 주고받은 대화를 들려주는 형식으로 되어 있다.

옛날 세상에 광대놀이를 하던 어떤 광대가 어깨에 대나무 막대를 세우고 제자들에게 말했다. "너희들은 대나무 위에 올라갔을 때 아래에 있는 나를 보호하라. 그러면 나도 너희들을 보호하겠다. 이렇게 서로 모여 보호하고 붙들어 주면서 광대놀이를 하면 많은 재물을 벌 것이다."

그때 광대의 제자들이 그 스승에게 말했다.

"그 말씀대로 하면 안 됩니다. 그저 제각기 자신을 소중히 보호하면서 광대놀이를 하기만 하면 많은 재물을 벌고 몸에 별 탈 없이 안전하게 내려올 수 있을 것입니다."

그러자 스승이 대답하였다.

"너희들 말대로 제각기 자신을 소중히 보호하라. 그런데 그

의미는 내가 말한 것과 마찬가지다. 자신을 스스로 보호할 때 그것은 곧 남을 보호하는 것이요, 남을 보호할 때 그것은 역시 자신을 보호하는 것이니, 마음으로 스스로 친근하고 서로 닦아 익혀 보호함을 따라 체험을 얻으면, 이것을 스스로를 보호하고 남을 보호하는 것이라 한다. 어떻게 남을 보호하고 스스로를 보호하는가? 남을 두려워하지 않고 남을 어기지 않으며, 남을 해치지 않고 인자한 마음으로 남을 가엾이 여기면, 이것을 남을 보호하고 스스로를 보호하는 것이라 한다."

"그러므로 비구들이여, 마땅히 이렇게 배워야 한다. 즉 스스로를 보호하려는 이도 사념처(四念處)를 닦아야 하고 남을 보호하려는 이도 또한 사념처를 닦아야 하느니라."[68]

이 경전의 핵심은 '자신을 스스로 보호할 때 그것은 곧 남을 보호하는 것이요, 남을 보호할 때 그것은 곧 자신을 보호하는 것'이 된다. 그리고 남을 보호한다는 것은 남을 해치지 않고 인자한 마음으로 남을 가엾이 여기는 것을 말한다. 이것이 곧 남을 보호하고 또한 스스로를 보호하는 것이라는 가르침이다. 붓다는 자기와 남을 보호하기 위해서는 사념처(四念處)를 닦아야 한다고 말했다. 그런데 자기도 보호하지 못하는 사람이 남을 보호하겠다고 설치는 것은 자기도 망하고 남도 망하게 만든다. 깊이 생각해 볼 일이다.

9
현선일야(賢善一夜)의 게(偈)

『중아함경』 제43권 제165 「온천림천경(溫泉林天經)」에 현선일야(賢善一夜)의 게(偈)가 나온다. 그 내용은 다음과 같다.

부디 과거를 생각지 말고
또한 미래를 바라지도 마라
과거의 일은 이미 사라졌고
미래는 아직 이르지 않았느니라.

현재 존재하는 모든 것(法)
그것 또한 이렇게 생각해야 하나니
어느 것도 견고하지 못함을 기억하라.

슬기로운 사람은 이와 같이 아느니라.

만일 성인의 행을 실천하는 이라면
어찌 죽음을 근심하리
나는 결코 그것을 만나지 않으리니
큰 고통과 재앙 여기서 끝나리라.

이와 같이 열심히 힘써 행하며
밤낮으로 쉬지 말고 게으르지 말지니
그러므로 이 발지라제(跋地羅帝)[69]의 게송을
언제나 마땅히 설해야 하느니라.[70]

우리의 일상생활을 자세히 관찰해 보면, 근심과 걱정의 대상이 의외로 이미 지나간 일이거나 앞으로 닥쳐올 미래의 일임을 알 수 있다. 이 경전의 말씀과 같이 지난 일을 슬퍼하지 않고, 미래의 일에 애태우지 않는다면 우리의 괴로움은 훨씬 절감될 것이다.

사실 우리가 괴롭다고 말하는 것 가운데 죽음과 관련된 것보다 더 절망적이고 감내하기 힘든 것도 없다. 붓다는 인간의 힘으로는 도저히 어쩔 수 없는 죽음과 같은 문제에 봉착했을 때에도 과거의 일로 고심하지 말라고 가르치고 있다.

어떤 재가 신도가 외아들의 죽음을 당하자 7일간 식음을 전폐하고 슬픔에 젖어 있었다. 이 소식을 전해 들은 붓다는 그녀의 집을 찾아가 슬픔을 없애 주려고 다음과 같이 설했다.

이렇듯 세상 사람들은 죽음과 늙음으로 인해서 해를 입는다. 그러므로 슬기로운 이는 세상 사람들이 가는 길을 알고 슬퍼하지 않는다. (Sn v.581)

그대는 온 사람의 길을 모르고, 또 간 사람의 길을 모른다. 그대는 생사(生死)의 양극을 보지 않고 부질없이 슬피 운다. (Sn v.582)

울고 슬퍼하는 것으로써는 마음의 고요함을 얻을 수 없다. 다만 그에게는 더욱더 괴로움이 생기고 몸만 여월 따름이다. (Sn v.584)

스스로 자신을 해치면서 몸은 여위고 추하게 된다. 그렇다고 해서 죽은 사람이 다시 살아나지 않는데, 울고 슬퍼하는 것은 무익한 일이다. (Sn v.585)

근심을 버리지 않는 사람은 점점 더 고뇌를 받게 된다. 죽은

사람 때문에 운다는 것은 근심에 사로잡힌 것이다. (Sn v.586)

그러므로 성자의 말씀을 듣고 목숨이 다한 죽은 사람을 보았을 때에는 '그는 이미 내 힘이 미치지 못하게 되었구나'라고 깨달아 슬퍼하거나 탄식함을 떠나라. (Sn v.590)

이를테면, 집에 불이 난 것을 물로 꺼 버리듯, 지혜롭고 총명한 사람, 잘 알고 잘하는 사람은 걱정이 생겼을 때는 이내 지워 버린다. 마치 바람이 솜을 날려 버리는 것과 같다. (Sn v.591)

번뇌의 화살을 뽑아 버리고 거리낌없이 마음의 고요를 얻는다면 모든 걱정을 초월하여 근심 없는 자, 고요한 자가 될 것이다. (Sn v.592)

위 내용은 『숫따니빠따(Suttanipāta, 經集)』제3 마하왁가(Mahā-vagga, 大品), 제8 살라숫따(Sallasutta, 화살경)에서 인용한 것이다. 이와 같이 붓다는 죽음과 같은 절망적인 상황에 처했을 때에도 그것은 피할 수 없는 엄연한 현실임을 자각하여 슬픔과 탄식으로부터 가능한 한 빨리 벗어나라고 충고하고 있다. 그렇게 해야만 마음의 평정을 되찾을 수 있기 때문이다.

한편 붓다는 미래에 대해서도 미리부터 걱정하지 말라고 당부하고 있다. 매년 신년 초가 되면 한 해의 신수를 미리 알아보기 위해 점쟁이 집 문턱을 드나든다. 이런 것도 아직 오지 않은 걱정거리를 스스로 만드는 격이다. 모두 부질없는 일이며 삶을 값지게 하는 데 아무런 도움도 되지 못한다.

이와는 약간 다른 경우이지만, 붓다는 현세의 즐거움을 버리고 내세의 즐거움을 추구하라고 한 적이 없다. 어떤 사람은 열반을 죽어서 얻는 것으로 알고 있다. 하지만 열반은 살아 있는 동안 지금 그리고 여기서 획득되는 것이며, 사후에 기대되는 낙원이 아니다.

초기불교에서는 죽어서 하늘에 태어나는 것, 즉 생천(生天)을 이상으로 한 것이 아니라 현법(現法)에서 깨달음을 획득하는 것을 궁극의 목표로 삼았다. 이것을 현법열반(現法涅槃)이라고 한다. 현법열반(diṭṭhadhamma-nibbāna)은 죽어서 얻는 것이 아니라 이 몸을 가진 상태에서 무지와 탐욕을 벗어나 해탈하기만 하면 곧바로 얻을 수 있는 것이다.

이처럼 붓다는 불확실한 미래의 즐거움보다 현세의 즐거움을 추구하라고 강조했다. 여기서 말하는 현세의 즐거움은 곧 현법열반을 의미한다. 붓다가 현법열반을 강조한 것은 현재의 삶에 충실하라는 가르침으로 이해할 수 있다.

그런데 대부분의 사람들은 지나간 일과 아직 오지 않은 일에 애태우며, 현세의 즐거움을 버리고 내세의 즐거움을 추구하고 있다. 붓다의 말씀을 빌리면, 어리석은 사람들은 이 때문에 시들어 간다. 마치 낫으로 잘린 갈대처럼.

'현재의 삶에 충실하라'는 붓다의 교훈을 미래를 대비하지 말라는 말로 오해해서는 안 될 것이다. 오늘 하루를 충실히 생활하면 이미 미래를 대비하는 일이 되는 것이다. 따라서 우리는 비록 내일 죽음이 닥쳐온다 할지라도 오늘 하루의 삶을 충실히 사는 것이 인간으로서 최선을 다하는 삶이다. 그런 사람은 붓다와 같이 하루에 한 끼를 먹더라도 그 얼굴빛이 맑고 깨끗할 것이다.[71]

10
불교도의 사명

전도선언은 세 가지 문헌, 즉 한역의 『잡아함경』 제39권 제1096 경 「승삭경(繩索經)」, 『상윳따 니까야』와 빨리 『율장』 「대품」에 언급되어 있다.[72] 먼저 한역의 「승삭경」부터 살펴보자.

어느 때 부처님께서 바라내국(波羅㮈國)[73] 선인(仙人)이 살던 녹야원에 계셨다.
그때 세존께서 여러 비구들에게 말씀하셨다.
"나는 이미 인간과 천상의 속박(繩索)[74]에서 벗어났다. 그대들도 인간과 천상의 속박을 벗어났다. 그대들은 인간 세상에 나가 많은 사람을 제도하고 많은 이익을 주어 인간과 하늘을 안락하게 하라. 둘이서 짝지어 다니지 말고 한 사람 한 사람씩 따로 다니도록 하라. 나도 지금 울비라(鬱鞞羅) 마을로 가서 거기에 머물러 있으면서 인간 세상을 유행하리라."

그때 악마 파순은 이렇게 생각했다.

'사문 구담은 바라내국의 선인이 살던 녹야원에 있으면서 여러 성문들을 위해 '나는 이미 인간과 천상의 속박에서 벗어났다. 그대들도 그렇게 되었느니라. 너희들은 각각 따로 사람들을 교화하라. …… 나도 지금 울비라 마을로 가서 인간 세상을 유행하리라' 이렇게 설법하고 있다. 그러니 나는 지금 그곳으로 가서 그를 어려움에 빠지게 하리라.'[75]

위 경전은 악마 파순이 붓다와 제자들이 인간 세상에 교화하는 것을 방해하고자 하였으나 붓다는 이에 동요되지 않았다는 것으로 되어 있다. 그러나 이것은 저 유명한 '전도선언(傳道宣言)'이다. 이 경에 대응하는 『상윳따 니까야』에서는 경의 이름이 빠사(pāsa, 올가미 혹은 속박)로 되어 있다. 니까야에는 두 개의 경이 있는데, 후자의 경이 한역과 가깝다. 니까야에 언급된 '전도선언'의 내용은 다음과 같다.

비구들이여, 나는 신들과 인간들의 모든 덫으로부터 벗어났다. 비구들이여, 그대들도 신들과 인간들의 모든 덫으로부터 벗어났다. 비구들이여, 많은 사람들의 이익을 위하여, 많은 사람들의 행복을 위하여, 세상을 불쌍히 여겨 신들과 인간들의 이익과 행복을 위하여 길을 떠나라. 둘이서 한길로 가지 마라. 비구들이여, 처음도 좋고 중간도 좋고 끝도 좋으며, 뜻과 문장이 훌륭한 법을 설하라. 오로지 깨끗하고 청정한 삶을 드러내라. 눈에 티끌 없이 태어난 사람도 있지만 그들은 가르침을 듣지 못했기 때문에 버려지고 있다. 그들은 가르침을 들으면 알 수 있을 것이다. 비구들이여, 나도 또한 가르침을 펴기 위해서 우루웰라의 세나니가마(將軍村)로 갈 것이다.[76]

위에서 인용한 전도선언은 크게 다섯 부분으로 나눌 수 있다. 첫째 부분은 인천(人天)의 속박으로부터 벗어났다는 것이다. 둘째 부분은 많은 사람들의 이익과 행복을 위해 길을 떠나라는 것이다. 셋째 부분은 처음도 좋고 중간도 좋고 끝도 좋으며, 조리와 표현을 갖춘 법을 설하라는 것이다. 넷째 부분은 뛰어난 사람도 법을 듣지 못했기 때문에 버려지고 있는데, 그들도 법을 들으면 알 수 있다는 것이다. 다섯째 부분은 나도 법을 펴기 위해서 우루웰라의 세나니가마로 간다는 것이다.

첫째 부분은 신들과 인간들의 모든 덫(속박)으로부터 벗어났다는 것이다. 신들의 속박은 바라문들이 주장하던 상견(常見)을 말하고, 인간들의 속박은 사문들이 주장하던 단견(斷見)을 말한다. 따라서 신들과 인간들의 속박으로부터 벗어났다는 것은 상견과 단견의 올가미에서 벗어났다는 것을 의미한다. 그러므로 '전법자의 자격'을 획득했다는 것이다. 사실 붓다의 가르침을 전하기 위해서는 붓다의 가르침이 무엇인지 정확히 알지 않으면 안 된다. 그리고 전법자가 붓다의 가르침에 따라 실천해 본 결과 번뇌로부터 벗어났다는 체험이 있어야만 한다. 그러한 앎과 체험이 없으면 남을 교화시킬 수 없기 때문이다.

둘째 부분은 많은 사람들의 이익과 행복을 위해 길을 떠나라는 것이다. 이 부분은 '왜 불교를 포교해야 하는가?'라는 '전도의 목적'을 밝힌 것이라 할 수 있다. 또한 이것은 불교의 존재 이유이다. 왜냐하면 불교는 '많은 사람들의 이익과 행복을 위해서' 존재하기 때문이다. 이 부분이 전도선언의 핵심이다. 사실 '많은 사람들의 이익과 행복을 위해서'라는 대목은 곧 대승불교의 근본이념과 다르지 않다. 한마디로 전도의 목적은 '많은 사람들의 이익과 행복을 위해서'라는 것이다. 이 목적을 위해 우리는 붓다의 가르침을 널리 펼쳐야만 한다.

셋째 부분은 "처음도 좋고 중간도 좋고 끝도 좋으며, 뜻과 문장이 훌륭한 법을 설하라. 오로지 깨끗하고 청정한 삶을 드러내라"는 것이다. 이 부분은 '전법의 방법'에 대해 언급한 것이라고 할 수 있다. 붓다의 가르침은 합리성과 객관성을 갖추고 있기 때문에 논리적으로 설하지 않으면 설득력을 얻기 어렵다. 다른 종교에서처럼 맹목적인 믿음을 강요하지 않는다. '처음도 좋고 중간도 좋고 끝도 좋으며 조리와 표현을 갖춘 법을 설해야 한다'는 것은 서론·본론·결론을 갖춘 논리 정연한 가르침을 말한다. 그래야 다른 사람들을 설득시킬 수 있기 때문이다.

그리고 "오로지 깨끗하고 청정한 삶을 드러내라"는 대목은 전법자가 청정한 범행을 몸소 실천하라는 의미이다. 아무리 입으로는 처음도 좋고 중간도 좋고 끝도 좋으며, 조리와 표현을 갖춘 법을 설했다 할지라도 몸소 실천하지 않으면 감화를 시킬 수가 없다. 모름지기 전법자는 청정한 범행을 드러내어 모든 사람들을 감화시켜야만 한다. 행동이 따르지 않는 말은 공허할 뿐이다.

이처럼 불교는 다른 종교의 교화 방법과 다른 고유한 특성을 지니고 있다. 불교사 2,500여 년 동안 불교를 전파함에 있어서 피를 흘리지 않았다. 그리고 불교를 받아들이지 않는다고 박해를 가하지도 않았다. 불교는 평화적인 방법으로 법을 받아들이도록 했다. 이것은 모두 이 전도선언에 담겨 있는 '전법의 방법'을 그 제자들이 바르게 실천했기 때문이다.

넷째 부분은 "눈에 티끌 없이 태어난 사람도 있지만 그들은 가르침을 듣지 못했기 때문에 버려지고 있다. 그들은 가르침을 들으면 알 수 있을 것이다"라는 대목이다. 이 부분은 더러움에 덜 물든 사람들이 있지만 그들이 붓다의 가르침을 접하지 못했기 때문에 버려지고 있다는 것이다. 이런 사람들은 법을 만나기만 하면 곧바로 붓다의 가르침을 받아들이게 된다는 것이다. 이것은 '교화의 대상'에 관한 것이라 할 수 있다.

다섯째 부분은 붓다가 금후의 예정을 말씀한 대목이다. 이른바 "나도 또한 법을 설하기 위해 우루웰라의 세나니가마로 가리라"는 것이다. 이 부분은 붓다가 제자들에게 몸소 실천해 보이고 있음을 의미한다. 다른 종교 지도자처럼 자신은 가만히 있고 다른 제자들에게 전도를 위해 떠나라고 독촉하는 것이 아니라 붓다 자신도 몸소 전도의 길로 나서고 있음을 보여 주는 대목이다. 실제로 붓다는 깨달음을 이룬 이후 45년 동안 교화를 위해 길에서 길로 유행했다. 붓다가 단 하루도 편안히 쉬지 않고 끝없이 법을 전하기 위해 유행했다는 사실을 우리는 잘 알고 있다. 끝으로 불제자의 첫 번째 사명은 붓다의 가르침을 바르게 배워 체득하는 것이고, 두 번째 사명은 그 붓다의 가르침을 널리 전해 붓다의 교법이 단절되지 않도록 하는 것이다.

주(註)

1. 『잡아함경』 제33권 제931경(T2, pp.237c - 238a), "謂聖弟子念如來事: '如來·應·等正覺·明行足·善逝·世間解·無上士·調御丈夫·天人師·佛世尊.' …… 復次, 聖弟子念於法事, 世尊法·律, 現法能離生死熾然, 不待時節, 通達現法, 緣自覺知. …… 復次, 聖弟子念於僧事, 世尊弟子善向·正向·直向·誠向, 行隨順法, 有向須陀洹·得須陀洹, 向斯陀含·得斯陀含, 向阿那含·得阿那含, 向阿羅漢·得阿羅漢, 此是四雙八輩賢聖, 是名世尊弟子僧, 淨戒具足·三昧具足·智慧具足·解脫具足·解脫知見具足, 所應奉迎, 承事供養, 為良福田."

2. 『잡아함경』 제33권 제931경(T2, p.237c), "聖弟子如是念時, 不起貪欲纏, 不起瞋恚·愚癡心, 其心正直. 得如來義, 得如來正法, 於如來正法·於如來所得隨喜心; 隨喜心已, 歡悅; 歡悅已, 身猗息; 身猗息已, 覺受樂; 覺受樂已, 其心定; 心定已, 彼聖弟子於兇嶮眾生中, 無諸罣閡, 入法流水, 乃至涅槃."

3. SN Ⅱ, p.69; AN Ⅲ, p.212; DN Ⅲ, p.5, 227, "Iti'pi so bhagavā arahaṁ

sammāsambuddho vijjācaraṇasampanno sugato lokavidū anuttaro purisadamma - sārathī satthā devamanussānaṁ buddho bhagavā'ti."

4. SN Ⅱ, p.69; AN Ⅲ, p.212; DN Ⅲ, p.5, 227, "Svākhyāto bhagavatā dhammo sandiṭṭhiko akāliko ehipassīko opanayiko paccattaṁ veditabbo viññūhī'ti."

5. MN Ⅰ, p.317f.

6. SN Ⅱ, p.69; AN Ⅲ, p.212; DN Ⅲ, p.5, 227, "Supaṭipanno bhagavato sāvakasaṅgho ujupaṭipanno bhagavato sāvakasaṅgho ñāyapaṭipanno bhagavato sāvakasaṅgho sāmīcipaṭipanno bhagavato sāvakasaṅgho yadidaṁ cattāri purisayugāni aṭṭhapurisapuggalā esa bhagavato sāvakasaṅgho āhuṇeyyo pāhuṇeyyo dakkhiṇeyyo añjalikaraṇīyo anuttaraṁ puññakkhettaṁ lokassā'ti."

7. 범어 아수라(asura)의 음사. 비천(非天)·부단정(不端正)이라 번역한다. 늘 싸움만을 일삼는 귀신들의 무리를 말한다.

8. 범어 이사나(īsāna)의 음사. 이차나(伊遮那)·이사나(伊賜那)·이사(伊沙)라 음역하기도 한다. 구역(舊譯)에서는 마혜수라(摩醯首羅)·자재천(自在天)이라고 번역했다.

9. 범어 바루나(varuṇa)의 음사. 베다(veda)의 신화에서, 규율과 물과 용의 무리들을 다스리는 신(神)이다.

10. 『잡아함경』 제35권 제980경(T2, pp.254c - 255a).

11. 『잡아함경』 제35권 제981경(T2, p.255a - b), "爾時, 世尊告諸比丘: "若比丘住於空閑·樹下·空舍, 有時恐怖, 心驚毛豎者, 當念如來事及法事·僧事 …… 念如來事·法事·僧事之時, 恐怖卽除. 諸比丘! 過去世時, 釋提桓因與阿修羅共戰. 爾時, 帝釋語諸三十三天言: '諸仁者, 諸天阿修羅共鬪戰時, 若生恐怖, 心驚毛豎者, 汝當念我伏敵之幢. 念彼幢時, 恐怖卽除.' 如是. 比丘! 若於空閑·樹下·空舍而生恐

怖, 心驚毛豎者, 當念如來: '如來·應·等正覺, 乃至佛世尊.' 彼當念時, 恐怖卽除. 所以者何? 彼天帝釋懷貪·恚·癡, 於生·老·病·死·憂·悲·惱·苦不得解脫, 有恐怖·畏懼·逃竄·避難, 而猶告諸三十三天令念我摧伏敵幢, 況復如來·應·等正覺, 乃至佛世尊, 離貪·恚·癡, 解脫生·老·病·死·憂·悲·惱·苦, 無諸恐怖·畏懼·逃避, 而不能令其念如來者, 除諸恐怖?"

12. 『장아함경』제1권 제1「대본경」(T1, p.7a), "沙門者, 捨離恩愛, 出家修道, 攝御諸根, 不染外欲, 慈心一切, 無所傷害, 逢苦不慼, 遇樂不欣, 能忍如地, 故號沙門."

13. 『장아함경』제1권 제1「대본경」(T1, p.7a), "夫出家者, 欲調伏心意, 永離塵垢, 慈育群生, 無所侵嬈, 虛心靜寞, 唯道是務."

14. 『잡아함경』제9권 제245경(T2, pp.58c~59a), "何等爲四品法經? 有眼識色可愛·可念·可樂·可著, 比丘見已, 歡喜·讚歎·樂著·堅住, 有眼識色不可愛·不可念·不可樂著·苦厭. 比丘見已, 瞋恚·嫌薄. 如是比丘於魔不得自在, 乃至不得解脫魔繫. 耳·鼻·舌·身·意亦復如是. 有眼識色可愛·可念·可樂·可著, 比丘見已, 知喜不讚歎·不樂著堅實, 有眼識色不可愛念樂著, 比丘見已, 不瞋恚·嫌薄. 如是比丘不隨魔, 自在, 乃至解脫魔繫. 耳·鼻·舌·身·意亦復如是. 是名比丘四品法經."

15. 뿌라나 깟사빠(Pūraṇa Kassapa)의 음사. 그는 붓다 시대의 육사외도(六師外道) 중의 한 사람이었다. 그는 도덕부정론자로 알려져 있다.

16. 『잡아함경』제35권 제979경(T2, p.254b), "瞿曇! 凡世間入處, 謂富蘭那迦葉等六師, 各作如是宗: '此是沙門, 此是沙門.' 云何? 瞿曇! 爲實各各有是宗不?" 爾時, 世尊卽爲說偈言: "始年二十九, 出家修善道, 成道至於今, 經五十餘年, 三昧明行具, 常修於淨戒, 離斯少道分, 此外

無沙門." 佛告須跋陀羅: "於正法·律不得八正道者, 亦不得初沙門, 亦不得第二·第三·第四沙門. 須跋陀羅! 於此法·律得八正道者, 得初沙門, 得第二·第三·第四沙門. 除此已, 於外道無沙門, 斯則異道之師, 空沙門·婆羅門耳. 是故, 我今於眾中作師子吼.'"

17. DN Ⅱ, p.151.
18. 『잡아함경』 제33권 제927경(T2, p.23b), "在家清白修習淨住, 男相成就, 作是說言: '我今盡壽歸佛·歸法·歸比丘僧, 為優婆塞, 證知我!' 是名優婆塞."
19. 웃자야(Ujjaya)의 음사.
20. 빨리어 딧타담마히따야(diṭṭhadhammahitāya)를 번역한 것이다.
21. 빨리어 딧타담마수카야(diṭṭhadhammasukhāya)를 번역한 것이다.
22. 『잡아함경』 제4권 제91경(T2, p.23c), "在家之人有四法, 能令後世安·後世樂. 何等為四? 謂信具足·戒具足·施具足·慧具足. 何等為信具足? 謂善男子於如來所, 得信敬心, 建立信本, 非諸天·魔·梵及餘世人同法所壞, 是名善男子信具足. 何等戒具足? 謂善男子不殺生·不偷盜·不邪婬·不妄語·不飲酒, 是名戒具足. 云何施具足? 謂善男子離慳垢心, 在於居家, 行解脫施, 常自手與, 樂修行捨, 等心行施, 是名善男子施具足. 云何為慧具足? 謂善男子苦聖諦如實知, 習·滅·道聖諦如實知, 是名善男子慧具足. 若善男子在家行此四法者, 能得後世安·後世樂."
23. 삼장(三長)이란 음력 1월, 5월, 9월을 말한다. 이 3개월의 1일부터 15일까지 재가자는 팔재계를 지켜야 한다.
24. 육재일(六齋日)이란 음력 1일, 7일(혹은 8일), 14일, 15일, 23일(혹은 24일), 29일(혹은 30일)을 말한다. 매월 6일은 재가자가 팔재계를 지켜야 한다.
25. 『잡아함경』 제30권 제836경(T2, p.14b), "爾時, 世尊告諸比丘: "汝等當

起哀愍心·慈悲心. 若有人於汝等所說樂聞樂受者, 汝當爲說四不壞淨, 令入令住. 何等爲四? 於佛不壞淨·於法不壞淨·於僧不壞淨·於聖戒成就. 所以者何? 若四大─地·水·火·風, 有變易增損, 此四不壞淨未嘗增損變異. 彼無增損變異者, 謂多聞聖弟子於佛不壞淨成就, 若墮地獄·畜生·餓鬼者, 無有是處! 是故, 諸比丘! 當作是學: 我當成就於佛不壞淨, 法·僧不壞淨, 聖戒成就, 亦當建立餘人, 令成就.'"

26. 『잡아함경』 제30권 제854경(T2, p.217b-c), "今當爲汝說法鏡經, 諦聽! 善思! 當爲汝說. 何等爲法鏡經? 謂聖弟子於佛不壞淨, 於法·僧不壞淨, 聖戒成就."

27. 『잡아함경』 제30권 제854경(T2, p.217b-c); SN V, pp.358-360.

28. 『장아함경』 제2 「유행경」(T1, p.13b).

29. 『잡아함경』 제30권 제833경(T2, pp.213-214).

30. 한역 원문의 '여래체자 금강소성(如來體者 金剛所成)'은 붓다의 몸은 이미 '불변하는 진리 그 자체'임을 나타낸 것이다. 육신불(肉身佛)에서 법신불(法身佛)의 개념으로 변하고 있음을 엿볼 수 있다.

31. 붓다만이 갖추고 있는 열 가지 지혜의 능력을 말한다. 첫째는 여실(如實)하게 모든 이치와 이치 아님을 아는 힘(處非處智力), 둘째는 여실하게 삼세의 업(業)과 그 보(報)의 인과(因果) 관계를 아는 힘(業已熟智力), 셋째는 모든 선정(禪定)과 삼매(三昧)의 순서와 깊고 얕음을 여실하게 아는 힘(靜慮解脫等持等至智力), 넷째는 중생들의 능력이나 성질의 우열(優劣) 등을 여실하게 아는 힘(根上下智力), 다섯째는 중생들의 요해단정(了解斷定)을 여실하게 아는 힘(種種勝解智力), 여섯째는 중생들의 타고난 성품이나 소질(素質) 등을 여실하게 아는 힘(種種界智力), 일곱째는 인천(人天) 등의 모든 세계에 태어나게 되는 행(行)의 인과에 대하여 여실하게

아는 힘(遍趣行智力), 여덟째는 과거 세상의 여러 가지 일을 기억해 내어 여실하게 아는 힘(宿住隨念智力), 아홉째는 천안(天眼)으로 중생이 죽고 나고 할 때와 미래생에 어디에 태어나는가를 여실하게 아는 힘(死生智力), 열째는 스스로 모든 번뇌가 다하여 다음 생에는 생명을 받지 않는다는 것을 알고 또 다른 사람이 번뇌를 끊는 것을 여실하게 보아 아는 힘(漏盡智力)이다.

32. 사무외(四無畏)라고도 한다. 붓다가 가르침을 설할 때, 확신하고 있기 때문에 누구에게도 두려움이 없는 네 가지를 말한다. 첫째는 바르고 원만한 깨달음을 이루었으므로 두려움이 없음(正等覺無畏), 둘째는 모든 번뇌를 끊었으므로 두려움이 없음(漏永盡無畏), 셋째는 끊어야 할 번뇌에 대해 설하므로 두려움이 없음(說障法無畏), 넷째는 미혹을 떠나는 수행 방법에 대해 설하므로 두려움이 없음(說出道無畏)이다.
33. 『증일아함경』 제2권 제3 광연품 제1경(T2, p.554a‒b).
34. 『증일아함경』 제2권 제3 광연품 제2경(T2, p.554b‒c).
35. 삼승(三乘)이란 성문승(聲聞乘), 연각승(緣覺乘), 보살승(菩薩乘)을 말한다. 성문승은 성문을 깨달음에 이르게 하는 붓다의 가르침이고, 연각승은 연기의 이치를 주시하여 깨달은 연각에 대한 붓다의 가르침이며, 보살승은 보살을 위한 붓다의 가르침을 말한다.
36. 『증일아함경』 제2권 제3 광연품 제3경(T2, p.554c).
37. 『증일아함경』 제2권 제3 광연품 제4경(T2, p.555a).
38. 『장아함경』 제2 「유행경」(T1, p.12b).
39. 『증일아함경』 제2권 제3 광연품 제1경‒제4경(T2, pp.554a‒555a).
40. 나꿀라삐따(Nakulapitā)란 나꿀라(Nakula)의 아버지라는 뜻이다.
41. 박가(Bhagga)의 음사. 박가(婆祇國)는 '밧지국(Vajji, 跋耆國)'이 아니다.
42. 숭수마라기리(Suṃsumāragiri)의 음사. 숭수마라기리는 박가(Bhagga)

의 수도였던 것 같다. 붓다는 깨달음을 이룬 후, 여덟 번째 왓사(vassa, 安居)를 이곳에서 보냈다. 이 도시를 건설할 때 근처의 호수에서 악어(suṃsumāra)들이 소리를 질렀기 때문에 '악어'라는 단어가 이 도시의 이름이 되었다고 한다. 붓다는 이 도시 근처의 베사깔라와나(Bhesakalāvana)의 사슴동산에 주로 머물렀다. 베사깔라와나는 베사깔라(Bhesakalā)라는 야차녀가 살았던 숲이었기 때문에 붙인 이름이라고 한다. (DPPN Ⅱ, p.392, p.1172.)

43. 나꿀라삐따(Nakulapitā)의 음사.
44. 『잡아함경』제5권 제107경(T2, p.33a).
45. 『잡아함경』제5권 제107경(T2, p.33b), ""善哉! 長者! 汝今諦聽! 當爲汝說. 愚癡無聞凡夫於色集·色滅·色患·色味·色離不如實知; 不如實知故, 愛樂於色, 言色是我·是我所, 而取攝受. 彼色若壞·若異, 心識隨轉, 惱苦生; 惱苦生已, 恐怖·障閡·顧念·憂苦·結戀. 於受·想·行·識亦復如是, 是名身心苦患. 云何身苦患·心不苦患? 多聞聖弟子於色集·色滅·色味·色患·色離如實知; 如實知已, 不生愛樂, 見色是我·是我所; 彼色若變·若異, 心不隨轉惱苦生; 心不隨轉惱苦生已, 得不恐怖·障礙·顧念·結戀. 受·想·行·識亦復如是, 是名身苦患·心不苦患." 尊者舍利弗說是法時, 那拘羅長者得法眼淨. 爾時, 那拘羅長者見法·得法·知法·入法, 度諸狐疑, 不由於他, 於正法中, 心得無畏."
46. AN Ⅰ, p.26, "vissāsakānaṃ yadidaṃ Nakulapitā gahapati."
47. AN Ⅰ, p.26; AN Ⅱ, p.61f.; AA Ⅰ, p.216f.; p.246; AA Ⅱ, p.514; SA Ⅱ, p.182.
48. DPPN Ⅱ, p.3; GS Ⅰ, p.24, n.2.
49. '짜라까(cāraka, 遊行者)'의 음사로 보인다. 이들을 짜리까(cārika), 혹은 짜

라나(cāraṇa)라고도 한다.
50. 뿌라나 깟싸빠(Pūraṇa Kassapa)의 음사. 그는 붓다 시대의 육사외도(六師外道) 중의 한 사람이었다. 그를 '공견외도(空見外道)' 혹은 '도덕부정론자'로 부른다.
51. 막칼리 고살라(Makkhali Gosāla)의 음사. 그는 붓다 시대의 육사외도 중의 한 사람이었다. 그는 사명외도(邪命外道)의 시조(始祖), 무인외도(無因外道) 혹은 결정론자(決定論者)/숙명론자(宿命論者)로 알려져 있다.
52. 산자야 벨랏티뿟따(Sañjaya Belaṭṭhiputta)의 음사. 그는 육사외도 중의 한 사람이었으며, '회의론자(懷疑論者)'로 알려져 있다. 사리불(舍利佛)과 목건련(目犍連)도 처음에는 그의 제자였다.
53. 아지따 께사깜발리(Ajita Kaesakambalī)의 음사. 그는 육도외도 중의 한 사람이었으며, 순세파(順世派)의 시조이며, '유물론자'로 알려져 있다.
54. 빠꾸다 깟짜야나(Pakudha Kaccāyana)의 음사. 그는 육사외도 중의 한 사람이었으며, '칠요소설'을 주장한 자로 알려져 있다.
55. 니간타 나타뿟따(Nigaṇṭha Nāthaputta)의 음사. 그는 육사외도 중의 한 사람이었으며, 자이나교의 개조(開祖)로 알려져 있다.
56. 『잡아함경』 제5권 제105경(T2, pp.31c-32a).
57. 단견(斷見)은 인간의 사후 몸과 마음은 단멸(斷滅)되어 다시는 재생하지 않는다는 견해를 말한다.
58. 상견(常見)은 인간의 사후 몸과 마음은 상주(常住)한다는 견해를 말한다.
59. 『잡아함경』 제5권 제105경(T2, pp.32a), "汝莫生疑. 以有惑故, 彼則生疑. 仙尼當知: 有三種師. 何等為三? 有一師, 見現在世真實是我, 如所知說, 而無能知命終後事, 是名第一師出於世間. 復次, 仙尼! 有一師, 見現在世真實是我, 命終之後亦見是我, 如所知說. 復次, 先尼! 有一師. 不見現在世真實是我, 亦復不見命終之後真實是我. 仙尼!

其第一師見現在世眞實是我, 如所知說者, 名曰斷見; 彼第二師見今世後世眞實是我, 如所知說者, 則是常見; 彼第三師不見現在世眞實是我, 命終之後, 亦不見我, 是則如來・應・等正覺說, 現法愛斷・離欲・滅盡・涅槃."

60. 『잡아함경』 제5권 제105경(T2, p.32a), "正應增疑. 所以者何? 此甚深處, 難見・難知. 應須甚深照微妙至到, 聰慧所了. 凡衆生類, 未能辯知. 所以者何? 衆生長夜異見・異忍・異求・異欲故."

61. 『잡아함경』 제5권 제105경(T2, p.32a-b), "佛告仙尼: 色是常耶? 爲無常耶?" 答言: "無常." 世尊復問: "仙尼! 若無常者, 是苦耶?" 答言: "是苦." 世尊復問仙尼: "若無常・苦, 是變易法, 多聞聖弟子寧於中見我・異我・相在不?" 答言: "不也, 世尊! 受・想・行・識亦復如是." 復問: "云何, 仙尼! 色是如來耶?" 答言: "不也, 世尊! 受・想・行・識是如來耶?" 答言: "不也, 世尊!" 復問: "仙尼! 異色有如來耶? 異受・想・行・識有如來耶?" 答言: "不也, 世尊!" 復問: "仙尼! 色中有如來耶? 受・想・行・識中有如來耶?" 答言: "不也, 世尊!" 復問: "仙尼! 如來中有色耶? 如來中有受・想・行・識耶?" 答言: "不也, 世尊!" 復問: "仙尼! 非色, 非受・想・行・識有如來耶?" 答言: "不也, 世尊!"

62. 빨리어로는 abhisamaya이고 통상적으로 현관(現觀)・증(證)으로 한역된다. '이해하다・요해하다・통달하다'라는 뜻이다.

63. 여기서 말하는 음(陰)은 곧 오온(五蘊)을 말한다. 즉 우리의 몸과 마음 전체를 의미한다.

64. 유(有)는 생사(生死)의 과보, 결(結)은 그 과보를 불러오는 번뇌를 뜻한다.

65. 『잡아함경』 제5권 제105경(T2, p.32b), "我諸弟子聞我所說, 不悉解義而起慢無間等; 非無間等故, 慢則不斷; 慢不斷故, 捨此陰已, 與陰相續

生. 是故, 仙尼! 我則記說, 是諸弟子身壞命終, 生彼彼處. 所以者何? 以彼有餘慢故. 仙尼! 我諸弟子於我所說, 能解義者, 彼於諸慢得無間等; 得無間等故, 諸慢則斷; 諸慢斷故, 身壞命終, 更不相續. 仙尼! 如是弟子我不說彼捨此陰已, 生彼彼處. 所以者何? 無因緣可記說故. 欲令我記說者, 當記說: 彼斷諸愛欲, 永離有結, 正意解脫, 究竟苦邊. 我從昔來及今現在常說慢過·慢集·慢生·慢起, 若於慢無間等觀, 衆苦不生." 佛說此法時, 仙尼出家遠塵離垢, 得法眼淨. 爾時, 仙尼出家見法·得法, 斷諸疑惑, 不由他知, 不由他度, 於正法中, 心得無畏."

66. 『잡아함경』 제46권 제1229경(T2, p.336a - c), "如是, 大王! 如是, 大王! 若有行身惡行·行口惡行·行意惡行者, 當知斯等為不自護, 而彼自謂能自防護. 象軍·馬軍·車軍·步軍以自防護, 雖謂自護, 實非自護. 所以者何? 雖護於外, 不護於內. 是故, 大王! 名不自護. 大王! 若復有行身善行·行口善行·行意善行者, 當知斯等則為自護. 彼雖不以象·馬·車·步四軍自防, 而實自護. 所以者何? 護其內者, 名善自護, 非謂防外." 爾時, 世尊復說偈言: "善護於身口, 及意一切業, 慚愧而自防, 是名善守護." 時, 波斯匿王聞佛所說, 歡喜隨喜, 作禮而去."

67. Walpola Rahula, *What the Buddha Taught* (London: Gordon Fraser, 1959), p.51.

68. 『잡아함경』 제24권 제619경(T2, p.173b), "過去世時有緣幢伎師, 肩上竪幢, 語弟子言: "汝等於幢上下向護我, 我亦護汝, 迭相護持, 遊行嬉戲, 多得財利." 時, 伎弟子語伎師言: "不如所言, 但當各各自愛護, 遊行嬉戲, 多得財利, 身得無為安隱而下." 伎師答言: "如汝所言, 各自愛護, 然其此義亦如我說, 己自護時即是護他, 他自護時亦是護己;

心自親近, 修習隨護作證, 是名自護護他. 云何護他自護, 不恐怖他‧ 不違他‧不害他‧慈心哀彼, 是名護他自護." "是故, 比丘! 當如是學. 自護者修四念處, 護他者亦修四念處.'"

69. 밧데까랏따(bhaddekaratta)의 음사. '현선일야(賢善一夜)'로 번역된다.

70. 『중아함경』 제43권 제165 「온천림천경(溫泉林天經)」(T1, p.697a), "慎莫念過去, 亦勿願未來, 過去事已滅, 未來復未至. 現在所有法, 彼亦當為思, 念無有堅強, 慧者覺如是. 若作聖人行, 孰知愁於死, 我要不會彼, 大苦災患終. 如是行精勤, 晝夜無懈怠, 是故常當說, 跋地羅帝偈."

71. 마성, 『마음 비움에 대한 사색』(서울: 민족사, 2007), pp.18-21.

72. 『잡아함경』 제39권 제1096경(T2, p.288a-b); SN Ⅰ, pp.105-106; Vin Ⅰ, pp.20-21.

73. 바라내(波羅㮈)는 바라나시(Bārāṇasī)의 음사. 송(宋)‧원(元)‧명(明)의 세 판본은 '나(奈)'로 되어 있다. 빨리어 원음에 비추어 볼 때 '나(奈)'로 표기하는 것이 더 원음에 가깝다.

74. 승삭(繩索)은 '속박', '올가미', '덫'을 의미한다.

75. 『잡아함경』 제39권 제1096경(T2, p.288a-b), "一時, 佛住波羅㮈國仙人住處鹿野苑中. 爾時, 世尊告諸比丘: "我已解脫人天繩索, 汝等亦復解脫人天繩索. 汝等當行人間, 多所過度, 多所饒益, 安樂人天. 不須伴行, 一一而去. 我今亦往鬱鞞羅住處人間遊行." 時, 魔波旬作是念: '沙門瞿曇住波羅㮈仙人住處鹿野苑中, 為諸聲聞如是說法: 我已解脫人天繩索, 汝等亦能. 汝等各別人間教化, …… 乃至我亦當至鬱鞞羅住處人間遊行.'"

76. SN Ⅰ, pp.105-106; Vin Ⅰ, pp.20-21, "Mutto-ham bhikkhave sabbapāsehi ye dibbā ye ca mānusā, Tumhe pi bhikkhave muttā sabbapāsehi ye dibbā

ye ca mānusā. caratha bhikkhave cārikaṁ bahujana-hitāya bahujana-sukhāya lokānukampakāya atthāya hitāya sukhāya devamanussānaṁ. Mā ekena dve agamettha, desetha bhikkhave dhammaṁ ādikalyāṇam majjhe kalyāṇaṁ pariyosāṇa-kalyāṇam, sāttham savyanjanaṁ kevala-paripuṇṇaṁ parisuddhaṁ brahmacariyaṁ pakāsetha. Santi sattā apparajakkha-jātikā, assavanatā dhammassa parihāyanti, bhavissanti dhammassa aññātāro. Aham pi bhikkhave yena Uruvelā Senānigamo ten'upasaṅkamissāmi dhamma-desanāyā'ti."